谨以此书献给谢希德先生百年诞辰

大音希声 德馨四方

——谢希德先生百年诞辰纪念文集

复旦大学物理学系 编

复旦大学出版社

序

谢希德先生是著名物理学家、教育家、社会活动家。她的名字，是意志的化身。她一生风霜坎坷，饱受磨难。17岁时患上股关节结核并因此落下右腿的终身残疾；45岁时又遭遇癌症病魔的侵袭，并先后3次复发；66岁时，终生至爱曹天钦先生又一病而卧床不起，需要她的呵护；其间，更有肾结石、植物神经性早搏等疾病不时来骚扰。一次次的磨难并没有将她摧垮，她以钢铁般的意志笑傲人生，她那不能弯曲的右腿恰是她人格的写照：不屈不挠、顶天立地。在生活中，她是一个坚决不向磨难低头的勇士；在学术上，她以挑战者的姿态，不断向无人涉足的领域发起冲锋。

1952年，在五星红旗的召唤下，在美学成的谢希德冲破千难万阻，投入祖国怀抱，走上复旦大学物理学系的讲台，开始在这广阔的舞台上大展宏图。

回国后，谢希德以饱满的热情，献身祖国发展的洪流中。她勇于承担新的教学任务，开课门数之多在全系首屈一指，并在新课建设成熟时转给年轻教师讲授，以培育新人。她大力推进教材建设，先后编著出版了《半导体物理学》（与黄昆合著）、《固体物理学》（上、下）（与方俊鑫合著）、《群论及其在物理学中的应用》（与蒋平、陆奋合著）、《固体能带理论》（与陆栋合著）。

回国初期，在忙碌的教学之余，谢希德延续其在美国的研究方向，全力开拓半导体物理这一新兴领域。她与方俊鑫负责筹建固体物理教研室，开设了固体物理专门化培训班。1956—1958年，教育部召集北京大学、复旦大学等五校师生300余人，集中到北京大学开办我国第一个半导体专门化培训班，黄昆、谢希德分别担任正、副主任，同时合著《半导体物理学》一书，培养出我国第一批半导体专业的栋梁之材，为我国半导体事业发展奠定了坚实的基础。谢希德是中国半导体物理学当之无愧的开拓者之一。

1958年，谢希德回到复旦大学，担任物理学系固体物理研究室主任，重启半导体物理学科的建设。1960年代，谢希德及时提出开展极限物理条件下固体特性的研究，复旦大学被列为1962年国家科技十年发展规划中的"固体能谱"重点项目主持单位。

与此同时，谢希德还不辞辛劳，参与筹建上海技术物理研究所，兼任副所长（1958—1966年），初步培养和形成了一支比较年轻有为、具有较高素质的科研队伍，为上海技术物理研究所的可持续发展奠定了坚实的基础。

1977年，谢希德再次开风气之先，大胆提出在中国开展表面物理研究的建议。她立即筹建以表面物理为研究重点的、综合性的物理学研究机构——复旦大学现代物理研究所，同时组建复旦大学表面物理实验室。可以说，在中国表面科学从无到有，再到成就卓著，直至走向世界的功劳簿上都有谢希德浓墨重彩的一笔。

她还在国家自然科学基金的建立、博士后制度的建立、国家重点实验室制度的建立以及上海光源建设等国家重要科教改革和发展中作出特殊贡献。

1983—1988年，她担任复旦大学校长。作为新中国第一位大学女校长，她破除"近亲繁殖"，不拘一格降人才。她通过培养学科骨干，采用破格提升的方法鼓励学科带头人脱颖而出；她大力起用年轻冒尖人才，加快师资队伍的培养速度；她带领复旦大学走出国门，广泛加强与国外院校的学术交流与合作，极大地提高了复旦大学在国际上的知名度；她充分发挥教师在教书育人中的指导作用，推行"导师制"……

她与时俱进，大胆改造部分老学科，创立复旦大学新兴交叉学科。在她的支持下，复旦大学成立了技术科学学院、世界经济系、管理科学系以及世界经济研究所、全国高校首个美国研究中心和生命科学学院。这些新兴院系的先后成立，使复旦大学变为拥有人文、社会、自然科学、技术科学和管理等多学科的综合性大学，为人才培养奠定了宽厚的学科基础。

她甘为人梯，不遗余力地提携后学尽展才华。她通过各种方式培养年轻人，在教学、科研、管理等领域，极力创造条件，建立"青年队"。从教48载，她桃李遍天下，教授过的本科生、指导过的研究生、栽培过的年轻学者、亲自撰写过推荐信的师生等等，一批又一批。

谢希德先生一生热爱祖国、追求真理、躬耕学术、作育栋梁、心怀天下，为中国的科学事业、教育事业作出了杰出贡献，是享誉世界的社会活动家。2021年3月19日是谢希德先生百年诞辰，为全面展现先生光辉灿烂的一生，铭记先生的丰功伟绩和伟大人格，复旦大学物理学系特邀请先生的生前好友、同事、学生、家属撰写回忆文章，并汇编为《大音希声 德馨四方——谢希德先生百年诞辰纪念文集》，以示致敬！

复旦大学物理学系
2021年3月8日

目　录

自述篇　以身许国，为国作育栋梁材　　1

海外归来参加祖国建设 / 谢希德 ………………………………… 3
一段珍贵难忘的回忆
——献给中国共产党成立75周年 / 谢希德 ………………… 7
思维超前，把握发展时期 / 谢希德 ……………………………… 11

开拓篇　筚路蓝缕，开疆辟土扬四海　　19

怀念谢希德教授 / 黄　昆 ………………………………………… 21
光辉的一生，崇高的品德
——深切怀念谢希德教授 / 陆　栋　王　迅 ……………… 27
怀念谢希德先生 / 沈学础 ………………………………………… 37
谢希德先生与中国物理学会 / 杨国桢 …………………………… 43
美研中心的创始者　中美关系的推动者 / 倪世雄 ……………… 46
一位成就卓越的教育家
——纪念谢希德校长诞辰100周年 / 王增藩 ……………… 48

追思篇　鞠躬尽瘁，德高望重永感怀　　55

Xie Xide and Me / Nelson Kiang	57
回忆谢希德先生 / 张开明	58
深切怀念谢希德先生 / 陆　栋	61
真诚的院士　睿智的英杰	
——纪念著名物理学家谢希德院士百年诞辰 / 陆　栋	65
无私奉献　顽斗病魔 / 刘庚生	69
谢希德先生为复旦大学创办世界一流大学打下坚实基础 / 强连庆	71
深切怀念谢希德先生	
——为纪念谢先生诞辰100周年而作 / 虞丽生	75
纪念谢希德教授 / 王阳元	82
缅怀前辈谢希德先生 / 沈元壤	84
怀念谢希德先生 / 王兆永	87
先生远去　缅怀长存	
——悼谢希德教授 / 杨福家	92
回忆谢希德先生 / 陶瑞宝	97
谢希德先生幼年与燕京大学 / 杨威生　赵汝光	101
纪念谢希德先生 / 李名复	109
忆恩师谢希德先生 / 戴道宣	112
温馨的回忆 / 甘子钊	117
伟大事业基于伟大的爱	
——纪念谢希德先生百岁诞辰 / 戴显熹	121
聆听谢希德先生分析学术动态 / 孙　鑫	126
纪念谢希德先生 / 叶　令	127
回忆谢希德先生	
——纪念谢希德先生诞辰100周年 / 王文澄	130
缅怀谢希德先生 / 王鼎盛	136
高风亮节　无私奉献 / 王生洪	139

可敬的师长，永远的榜样
——纪念谢希德校长诞辰100周年 / 王生洪 ………………… 142
中国集成电路的引路人：谢希德先生
——纪念谢希德先生诞辰100周年 / 章开和 ………………… 147
谢希德教授与复旦大学 / 王增藩 …………………………………… 150
In memory of Xie Xide: a great scientist and a dedicated teacher but most of all a most remarkable human being / Peter Y. Yu ……… 156
缅怀博大胸怀　弘扬科学精神 / 顾秉林 …………………………… 160
怀念谢希德校长 / 王荣华 …………………………………………… 165
两代缘
——纪念谢希德先生百岁诞辰 / 柯国庆 ……………………… 167
高尚的人格情操　博大的心胸境界
——谢校长百年诞辰纪念 / 周明伟 …………………………… 175
追思
——回忆母亲谢希德 / 曹惟正 ………………………………… 182
妈妈教我装半导体收音机 / 曹惟正 ………………………………… 188
In memory of my grandmother / Karen Cao ………………………… 191

师恩篇　甘为人梯，提携后学尽展才　　193

一位物理学界的女杰 / 王　迅 ……………………………………… 195
深切怀念恩师谢希德先生 / 黄美纯 ………………………………… 198
跟谢希德先生读研究生的日子 / 鲍敏杭 …………………………… 202
为我华夏鞠躬尽瘁 / 蒋　平 ………………………………………… 206
终生难忘恩师谆谆教诲 / 薛舫时 …………………………………… 211
怀念谢希德先生的点点滴滴 / 赵祖宇 ……………………………… 214
永远的先生 / 车静光 ………………………………………………… 217
怀念谢希德先生 / 程海萍 …………………………………………… 219
忆谢希德先生二三事 / 侯晓远 ……………………………………… 222

3

缅怀恩师 / 沈丁立 …………………………………………………… 227
纪念谢希德教授 / 沈志勋　孙赞红 ………………………………… 228
物理楼二楼那蹒跚前行的身影
——追忆导师谢希德先生 / 资　剑 …………………………… 230
缅怀谢希德先生 / 沈建华 …………………………………………… 235
诞辰百年，功德千秋
——纪念谢希德先生 / 傅华祥 ………………………………… 237
回忆谢希德先生 / 孙　强 …………………………………………… 239
回忆在谢希德先生课题组做博士后的日子 / 柯三黄 ……………… 242
怀念导师谢希德先生 / 韦广红 ……………………………………… 244
纪念我的导师谢希德先生 / 杨中芹 ………………………………… 247
继续促进谢先生开创的中美友谊 / 沈安定 ………………………… 249

自述篇

以身许国，为国作育栋梁才

海外归来参加祖国建设

谢希德

1952年8月,我和爱人曹天钦一起乘坐英商蓝烟囱公司的万吨客轮"广州"号,从英国南安普顿启程回国,至今已36年了。36年来,我心情舒畅地为祖国贡献力量,感受到欣慰与欢乐,也在"文化大革命"中有过痛苦和悲伤。粉碎"四人帮"之后,常有外国朋友问我:"你从海外归来,在'文化大革命'中吃了那么多的苦头,不后悔吗?"对于这个问题,我是早有考虑的,因此回答得很坦然:"不后悔!我从海外归来参加祖国建设,走的是一条正确、光明的道路,我为能亲自参加祖国的社会主义建设而自豪。虽然遭受不幸,但与国家所受的损失相比要小得多,个人的恩怨比起我们的事业,算得了什么呢?何况许多对革命事业有很大贡献的老前辈,吃了更大的苦啊!"今天,每当我回顾自己从海外归来这段历程时,心情还是异常兴奋和激动。

1921年3月,我出生在福建省泉州市一个知识分子家庭。在我四岁时,生母因患伤寒病过早地离开人世。此后,父亲、祖母和我一家三口迁居北京,住进了燕园。我父亲谢玉铭,青年时代在北京协和大学(燕京大学的前身)读书,后来得到洛克菲勒基金会资助,赴美国哥伦比亚大学和芝加哥大学攻读物理学,学成后归国应聘担任燕京大学物理系教授。

我的童年是在北京度过的,继母很关心我的学习和身体健康。1932年,我在念初中时,天钦恰好与我同班,彼此相互了解,再加上我们的父亲在燕京大学是同事,因此我俩有似"青梅竹马,两小无猜"。到了1946年春,我正好25岁,便与天钦订婚。当时他得到英国文化委员会资助,正准备到英国深造,而我却在福建长汀县的厦门大学即将毕业。虽然我们都有为祖国科学事业作贡献的强烈愿望,但国内的状况不能不使我们忧虑。抗战胜利的喜悦已为内战的愁云所代替，物价飞涨，生活颠沛。我们认为，要想在事业上有所成就，只能暂时出国学习。临别时，我俩约定，我随即争取赴美深造，两人结束学业时在美国相聚，一同回国。

1946年夏，我告别母校到南京参加出国考试，秋天开始在上海沪江大学任助教。不久，我考取赴美自费留学，即通过在美友人联系就读的学校，1947年进入史密斯女子文理学院攻读硕士学位。这个学院在麻省的一座小城市，当时已有近百年的历史，是美国七所著名女子学院之一，以培养本科生为主，部分系科兼收少量研究生。我在该校物理系任助教，并攻读硕士学位。在顺利完成两年学业之后，进入麻省理工学院攻读博士学位。

麻省理工学院堪称世界第一流高等学府，藏书丰富，设备齐全。我更幸运的是能在 W. P. 阿利斯和 P. M. 莫尔斯教授的指导下进行研究。特别是莫尔斯教授，是当代著名的物理学家之一，著述丰富，在运筹学领域是开拓者，在基础理论方面也很有修养，他和费什巴赫合作的《数学物理方法》一书，至今还很有价值。在他的建议下，我选择理论物理作为主攻方向，并兼为实验研究做些计算工作。

1949年10月后，母亲和弟弟们经常给我写信，告诉我，中华人民共和国诞生了，和解放前相比，国内的情况完全两样，解放军官兵执行"三大纪律，八项注意"，不欺压老百姓，政府官员为人民服务，物价比较稳定，1949年后回国的一些学者正在发挥很大的作用等等，希望我和天钦早日归国。在校的中国同学大都接到家人来信，相互转告，为祖国的振兴感到衷心喜悦。在这段时间里，我的心情难以自抑，巴不得马上能飞回祖国，飞到北京。

但是，后来我也从别的地方听到一些令人担心的传说：国内"三反""五反"和思想改造搞得很激烈，有些人在思想改造中跳楼自杀。这时，我在思想上也有斗争，是等一等，看一看再说呢，还是马上做好回国准备？我心想，在迎接祖国新生的岁月里，自己出国求学，没有为革命做什么工作，现在祖国需要大批建设人才，我却留在国外，实在说不过去，回国参加社会主义建设，责无旁贷，不能再等了。

时间很快推移到1951年春天，天钦获得博士学位，这年秋天，我也获得博士学位。按原先的约定，天钦到美国和我举行结婚仪式，然后一起回国。可是意外的事情发生了，美国政府发动侵略朝鲜的战争，我国人民志愿军跨过鸭绿江抗美援朝。美国移民局在1951年下半年发布一条规定，凡在美国攻读理工科的中国学生，一律不得返回中国大陆。这个规定一下子把我们的计划打乱，不过，我们很快就冷静下来，积极寻找回国的办法。

我俩经过一番商讨，决定了新的行动计划，我申请去英国，然后取道回国。天钦即向英国有关部门提出为我签证的要求，不料英国方面鉴于当时国内情况，表示除非我提出保证，在3个月内离开英国，否则不予签证。我何尝不想尽快离开英国投向祖国怀抱呢？但是3个月离开英国回国的保证，又会给我离开美国带来困难。正当我犹豫不决的时候，天钦的老朋友李约瑟先生伸出热情的援助之手。李约瑟先生是英国著名的学者，得知我们的情况后，亲自到英国有关部门，以个人的名义担保我3个月内一定离开英国。这样，英国有关部门很快为我签署一张特殊的"旅行通行证"，凭此我可以进入英国。

但是，有了入境证明，美国若不发给出境证明，我还是到不了英国。于是我们决定把结婚地点移到英国，由我以赴英结婚为理由，申请离开美国，并向移民局出示英国有关部门的"旅行通行证"。结果移民局为我签发了出境证明，经办人员还为我出主意，结了婚很快赶回来。我高兴地接过证明，但一看，这并不是正式证明，正式的证明要到船上才能拿到。因此，天钦关照我一定等上了船，拿到正式的证明，而且须待轮船驶离哈德孙港后，再给他发电报，只有到那时，我的出走才算成功。因为美国开往英国的轮船是英国的，上了轮船就像到了英国国土。等我提着简单的行李登船后不久，美国移民局即有人来到船上，问我为什么去英国，我镇定地一一作了回答。他看了看我的行李，再也没有继续盘问下去，递给我正式的出境签证。

到了英国，一切都很顺利。我们稍事休整，便忙于举办婚礼和联系回国的事。天钦早与中国科学院上海生理生化研究所王应睐先生有书信往来，并决定到他那里工作。为了照顾我们的生活，他们为我联系到交通大学任教。结婚仪式很简单，请了天钦的几位朋友光临，随后把这个喜讯告诉父亲、母亲和弟弟们。父亲不支持我们的这一举动，他希望我留在美国或英国工作，但我们早已决定，父亲再也不理我们了。

1952年8月底，我们经过一段时间的奔波，终于告别剑桥，登上"广州"号海轮离开英国，经过苏伊士运河、印度、新加坡、中国香港，到达深圳。

"五星红旗迎风飘扬，胜利歌声多么嘹亮，歌唱我们亲爱的祖国，从今走向繁荣富强……"离深圳码头只有几十米了，我听到岸上扩音器传出雄壮的歌声，心中激起翻滚的波涛。这次从美国取道英国之行，经历不少曲折，耗费许多精力，回国的目的总算达到，心中有说不出的高兴。随后，我们来到祖国南方的大都市广州，从那里转车奔赴上海。

列车在上海火车站一停下，我们就看到上海生理生化研究所的同志们到车站迎接。我们的心都向往北京，在上海只作短暂逗留，便又风尘仆仆踏上北去的列车，探望久别的继母、弟弟们和天钦的父母。到北京返沪时，正值全国高等学校进行院系调整，交通大学物理系大部分并到复旦，11月中旬，我便到复旦大学报到，从此在教学和科研战线上开始紧张的工作。1956年5月，曹天钦和我在同一天分别由所在单位的党支部吸收为中共党员，我们在政治上获得了新的生命。

粉碎"四人帮"后，我被任命为复旦大学副校长，1983年被任命为复旦大学校长，负责学校的全面工作，同时挤时间参加科学研究，多次出国访问、讲学，促进学校与国外大学的联系，近年来，又参加了党和人民政协的工作。

36年前，我怀着建设社会主义祖国的心愿，不远万里几经周折回到祖国的怀抱，做了一点工作，祖国和人民给了我很多荣誉，母校史密斯女子文理学院等七所大学也授予我科学博士的荣誉称号，都是对我的鼓励和鞭策，我一定尽自己的力量，为社会主义祖国多作贡献，再立新功。

［本文发表于《上海文史资料选辑——统战工作史料专辑（八）》，上海文艺出版社，1989年12月。《谢希德文选》和《师表·回忆谢希德》收录，收入本书时有删节］

一段珍贵难忘的回忆
——献给中国共产党成立75周年

谢希德

1956年5月中旬的一天，我和丈夫曹天钦在各自的党支部不约而同地被接受为中国共产党的预备党员。本来，复旦大学物理学系党支部在讨论我的入党问题时，要邀请曹天钦来参加，后来得知就是在同一个下午，中国科学院上海生理生化所的党支部也要讨论天钦的入党问题。这对我们两人来说是一个非常难忘的日子。从此我们不仅是生活上的伴侣，也是立下要为无产阶级事业奋斗终身的同志。当天我恨不得立刻飞回家。到家后我们交流了各自支部大会的情况，以及对我们所提的意见。我们都感到很兴奋，认为能被接纳为无产阶级先锋队的一员，感到很光荣。但是也都觉得还很不够标准，只好在今后不断努力。这种新党员的思想一直持续到1982年去北京参加十二大的途中，国栋同志提醒我入党已有26年。我才意识到不能再以新党员自居了。当然在老同志面前，我永远是新的。

在那难忘的一天的晚饭后，住在楼下的李林和邹承鲁给我们开了一个祝贺的晚会。张友端和陈瑞铭也参加了。他们都是天钦在英国的同学，当时都在上海的中国科学院工作，现在他们四人也都是中国共产党党员，说明党的知识分子队伍的扩大。知识分子从党外人士转变为共产党员都经过一段各自不同的历程。曹天钦已于去年1月8日离开人世，在这篇短文中，我试图写下我们两人如何得到党的关怀走上革命之路，作为献给党的75周年的一份心意。

我是和中国共产党同年诞生，天钦则早生一年。我们出生在知识分子家庭。幼年时代的中国军阀混战，民不聊生。我不仅在历史书上读到令人气愤的鸦片战争、甲午战争、英法联军、八国联军等史实和许多丧权辱国的不平等条约，而且亲自体验到九一八、一·二八后北平日本宪兵的耀武扬威的气息。家庭给我们的教育是好好念书，知识总是有用的，1937年夏卢沟桥事变发生，开始了长达八年的抗日战争，我也开始了逃难的生活，在1937年夏离开了当时的北平，先后到武汉和长沙，1938年夏在长沙福湘女中毕业后患骨关节结核，卧病贵阳，休学达四年之久。曹天钦中学毕业后入了在北平的燕京大学的化学系，这是一所美国人办的学校，在日本统治下还能勉强苟安。他仍怀着"科学救国"的美梦，在给我的信中，除去鼓励我安心养病外，还不时寄给我他课外阅读的读书心得，或是假期在工厂实习的一些报告的点滴。当时他希望通过献身化学来救中国。1940年左右他和同学们分析当时的形势，认为日美战争不可避免，乃和一些同学于1941年春天离开北平南下，先到上海栖身于当时的租界，后分两批通过日军的封锁线进入抗战后方。他选择了走北路，经开封到达西安，参加了新西兰友人路易·艾黎的工业合作运动，在当时陕西凤县双石铺的综合工业研究所作技正，分析一些矿石。次年他又转到在兰州的皮革合作社做经理。他的以化学工业救国的愿望，在这一段工作中得到部分的满足，但他的确又不满足于留在兰州。他的大哥比较早地参加了革命，离开学校到解放区，这对曹天钦的思想有一定的影响。

在他到达双石铺工作的当年12月，珍珠港事件发生，美日交战，燕京大学被迫在北平关门，不久迁到成都华西坝复校。曹天钦认为还是应该完成大学的学业，于1943年到成都继续攻读。当时抗战已六年，在成都就读的一些离乡背井的学生生活都很困难。有些人生了肺病，也有人因此不幸身亡。和他同时离开北平的同学，有些人奔向解放区。我们虽未走向革命之路，但也都看到国民党政府的腐败，心之所向是很清楚的，很羡慕那些朋友的决心。

在毕业的前夕，曹天钦遇到了重要抉择，是去解放区，还是留在成都攻读研究生？当时我已病愈，在位于闽西长汀的厦门大学就读。他怕去解放区后，和我见面将更遥遥无期。正在进行思想斗争，通过友人介绍，他被聘到位于重庆由英国科学家李约瑟博士领导的中英科学合作馆工作。该馆为在抗战后方的一些大学和研究单位提供科研用药品和书籍。他随李约瑟夫妇辗转旅行于祖国的西南和西北。一方面协助李约瑟为写中国科学史收集材料，一方面也了解一些大学和研究单位科研的情况。在当时非常困难的条件下，不少科学工作者还是努力在工作，曹天钦看了非常受感动。这些科学家的工作精神给他留下了深刻的印象。1946年他得到英国文化委员会的奖学金到英国剑桥大学留学。出国前他到长汀去看我，我们定了婚。由于当时二次世界大战结束不久，去英国的交通还很不正常，没有定期的轮船或飞机，他被迫在南京和上海的英国文化委员会边工作边等待。当时我也从厦门大学毕业，来到南京参加出国考试，后又到上海沪江大学工作。因此在他出国之前，我们又先后在南京和上海重聚，没想到这一别又是六年。

1947年我被美国史密斯学院录取，作为研究生兼助教，于当年8月启程赴美。1949年得到硕士学位后转到位于美国马萨诸塞州剑桥的麻省理工学院攻读博士，和英国的剑桥相隔一个大西洋。曹天钦打算在得到博士学位后先到美国作一段研究，然后在我得到学位后一起回国。我们都从家人的通信中得到有关解放后新中国的情况，感到很兴奋，中国人民从此站起来了。不少在美国和英国的中国同学纷纷奔回祖国参加建设。

1950年朝鲜战争爆发。次年中国人民志愿军在朝鲜打了胜仗，美国政府不许中国学理工科的学生回国。当时曹天钦虽然已得到了哈佛大学和康乃尔大学的邀请去作研究工作，但是由于美国政府的决定，他打消了去美国的计划，坚决要我在1952年春一定要到英国。因为他已联系好回国后到中国科学院上海生理生化所工作。他改变了去美国的计划，使我很失望。同时我最担心的是回国后是否有机会进行当时刚开始的半导体研究。经过一番思想斗争，最后我还是根据天钦的意见，做好去英国的准备。当时英国政府虽然已承认新中国，但还没有建立外交关系。英国要求我有3个月后离开英国的证明，但是我是要以去英国结婚才有可能被允许离开美国。正在为难的时刻，李约瑟博士以个人名义到英国的有关部门担保我3个月后离开英国，我才得到了英国颁发给我的旅行证，终于在1952年5月从纽约启程去英国。当时在菲律宾的父亲，坚决反对我回国，他要我到英国后留在那里，或回到美国。我没有听他的话。回国后一直到他1986年在台湾去世，我没有再收到过他的信。这对我是很伤心的事，因为他非常爱我。在他的遗物中，我发现了我们的结婚照，他复印了许多。

在英国结婚后，我们于1952年8月乘"广州"号客轮从英国南安普顿港启程，经历了一个月才到达香港。9月下旬我们经罗湖在"五星红旗迎风飘扬"的广播声中进入深圳。在广州遇到不少老同学，最高兴的是遇到从北京来的天钦初中时代的老师、历史地理学家侯仁之教授，他是从北京特地南下帮助当时岭南大学（不久改为中山大学）的教师思想改造的。他们都向我们介绍如何和过去划清界限，进行思想改造。当时留学生回国的高潮已过，广东省教育厅只有一个干部兼管接待归国留学生的工作。我们在办好手续后，乘火车北上，于10月1日到达目的地上海。我们再稍事休息后即到北京探望我的母亲和曹天钦的父母及其他家人和朋友。有一些天钦的老同学在解放前夕参加革命，改了姓名。老同学吴惟正解放前夕因护厂，被特务杀害。天钦很伤心。为了纪念他，我们后来给儿子起名为惟正。

回上海后即投入紧张工作。天钦在上海生理生化所开始建立实验室，我原联系到周同庆教授所在的上海交通大学工作，经院系调整，我也随周教授到了复旦，开始繁忙的教学工作。我担任物理学系和数学系的课程，当时百废俱兴，两个系都有很多学生，和我在厦门大学时代数理系很不相同。当时还强调要一边倒，学习苏联，用苏联的教材，或自编讲义。因此，对初次走上讲台的我，是个机遇，也是挑战，相当紧张和忙碌。好在同学们对我都很好，该年进校的新生，今年刚好是毕业40周年。前不久来自祖国各地的同学，在母校相聚，济济一堂，他们中有不少人已是科研院所的骨干，也有些人已退休。我一直认为，他们既是我的学生，也是我在新中国教书的启蒙老师。

1956年春，国家开始制订12年科学规划。中国科学院在北京召开关于半导体的报告会，当时我已怀孕，将近临产，未能前去参加，但半导体工作即将在我国开展的前兆，扫除了我回国前的顾虑。为了更好地在党的领导下参加向科学进军的行列，我们鼓起了勇气，向各自的党支部提出了入党的申请。我们深知和许多解放前入党的同志不一样，我们没有经历过枪林弹雨的考验，在和平时期对自己要有更高的要求。在这方面，曹天钦是我学习的榜样，在我们前进道路上的紧要关头，是他作出了重要而正确的抉择。现在他已离开了我，在党的领导下，我将继续勇敢地向前。

（本文写于1996年6月，《谢希德文选》和《师表·回忆谢希德》收录，收入本书时有删节）

思维超前，把握发展时期

谢希德

我出身于知识分子家庭，父亲是我国前辈物理学家谢玉铭教授，曾于1923年赴美留学，先后在哥伦比亚大学和芝加哥大学攻读，并获得硕士、博士学位。他早年的求学经历和治学精神对我幼年时的学习成长影响很深。父亲常有言道："中国需要科学"，这句话自幼年起就时时激励我，在我心灵深处早早地植下了为振兴中华而学习的责任感。

思维特色　形成背景

1933年，我在燕京大学附中学习一年之后转学至北平贝满女中。贝满当时就已有70年的历史，校园环境优美，师资设备齐全，而且校规严谨，校风整肃，教师授业精心。在贝满四年的学习生活使我获益很深，不仅打下了日后成才所需的坚实的文化基础，而且，贝满"敬业乐群"的校训也及早地引导、造就了我的治学品质。

中学毕业之后，因骨关节结核不得不休学养病，在病床上度过了长长的四年。时值战乱，在颠沛流离中就更加体会到生存的艰难。在这段养病期间，我克服种种困难，仍旧坚持学习，并且广泛地阅读了大量书籍，尤其是外文书，从而打下了很好的外文基础。这段生活同时磨炼了我的意志，使我在往后身处类似更困难的境地时也能保持积极乐观、努力向上的生活态度。我前后三次参加了高考，虽然每次都被校方录取，但由于疾病加之战乱举家南迁而未能入学，直到1942年第三次高考，被厦门大学数理系录取才最终遂愿得以成学。当时"南方之强"的厦门大学办学条件十分艰苦，但在萨本栋校长的主持下，学校仍恪守"止于至善"的校训，严谨治学，严格贯彻优胜劣汰的方针，扎扎实实地施教育人。我在校期间一直是陈嘉庚奖学金的获得者。经过厦门大学四年系统教育，我已经具备了出国进一步深造的基础。

1947年，我只身漂洋过海赴美深造，在美国著名的史密斯女子文理学院，师从研究生院院长安斯罗（G. Anslow）教授攻读硕士课程，到1949年以《关于碳氢化合物吸收光谱中氢键信息的分析》论文通过答辩并获得硕士学位。之后，又到著名的麻省理工学院继续攻读博士学位，跟随莫尔斯（P. M. Morse）和阿利斯（W. P. Allis）两位教授进行高压态氢的阻光性理论分析，并在1951年以该项研究成果获得博士学位。毕业之后，我参加了美国固体物理学家斯莱特（J. C. Slater）主持的原子、分子及固体理论组的研究工作，从事微波共振腔中半导体性质的理论研究。这段科研经历为我回国之后从事半导体物理研究打下了基础。

回国初期，国内的科技事业正在起步阶段，科研领域中块块空白亟待去填补。这时，当务之急是培育一批科学新人，于是，我积极投入到教学工作之中。看到当时师资力量不足，开课困难的实际情况，我总是尽量发挥自己的能力，根据需要努力开课。常常是当一门新课教材编就、基础打好就把它让给其他年轻教师，自己又转而去开辟别的新课程。在短短的三四年间，我讲述了普通物理的力学与光学部分、理论力学、量子力学和固体物理等课程。这一段教学经历深化了自己的学术根基，拓展了知识范围，使我有可能不断开拓新的领域。

思 维 之 光

一、审时度势，开拓新领域

我前期的研究领域主要是半导体物理，后转而研究表面物理。在我的学术经历中，思维特点是始终不安于现状，不断开拓进取，把握发展时机，及时开辟新的领域。

1958年，我任复旦大学固体物理教研室主任，同时参与负责筹建中国科学院上海技术物理研究所,并兼任副所长。这时候,我发现自己一直密切关注的半导体领域,国外的研究方向随着硅平面工艺的突破已从锗转向了对硅的性能研究。我当即追踪分析,进一步研究之后马上采取了果断的行动。先是在1962年国家科学研究规划会议上,与黄昆教授联名提出建议,要求在我国及时开展固体能谱研究。这项基础理论的研究将直接关系到新材料的开发应用,鉴于它在当时所具有的广阔发展前景,这个项目很快被列入了国家重点科研项目。我一接过项目就率领同事们不失时机地开始工作,但这个项目不幸夭折。

通过查阅分析大量专业文献和尽可能搜集到的最新资料后,我和许多物理学家一起觉察到十几年来清洁半导体和金属表面及界面问题的发展已涉及多门学科,一门介于表面物理、表面化学和材料科学之间的边缘学科——表面科学已在形成之中。在固体物理学领域,我和同事们发现了表面物理这片有待开发的原始森林,它将可能对钢材的耐腐蚀、新能源的开发、新材料工业、半导体器件工艺的改造和催化等方面的发展产生举足轻重的影响。1977年11月的全国自然科学规划会议上,我代表许多人的意见,以令人信服的材料,提出了填补我国表面科学空白、及时发展表面科学的合理建议,立即得到了与会专家们的一致赞同。不久,复旦大学以表面物理为研究重点的现代物理研究所正式成立。继之,其他许多单位也开展了这方面的研究,国内表面科学的研究由此逐渐成规模。美国著名物理学家沃尔特·科恩(Walter Kohn)教授这样评论道:"谢希德教授作出了明智的选择,在复旦大学开展表面物理的研究。"

我认为,成就和荣誉创之艰辛,应当珍视,但不能成为包袱,科学研究真正需要的是发展思维、发展远见和始终一贯的发展勇气,这是成功的真正动力所在。发展即是开拓,即是不避艰难险阻、坚韧不拔投入其中的创造,即是长盛不衰的持久的学术生命力。

二、科学家要重视学术活动,思想交流

20世纪以来,科学日益社会化,近代那种单兵作战的科研已经显得困难。我历来强调集体的力量在科研中的重要作用,作为学术带头人,注意发挥课题组集体的智慧。在学术发展中,我注重与国际学术界的交流、合作与

接轨并进。因为学术交流同样是从事科研不可或缺的重要途径。自1983年起，我每年出席美国物理学会召集的以凝聚态物理为主的"3月会议"，将国际上的最新信息及时反馈回来，并相应地调整更新有关的研究方向和课题。1992年，我们促使第21届国际半导体物理会议在我国北京召开，我任大会主席。这是半导体物理领域最具权威性的国际学术会议，这也是第一次在我国召开如此规格的会议。1993年，第4届国际表面结构会议在上海举行，我是地区组委会主席和大会副主席。这些活动提高了我国的半导体科学和表面科学在国际上的地位。

在任复旦大学校长期间，我注重建立、加强复旦与外界的广泛联系与信息交流，及时掌握各个领域新的研究成果、理论动向与技术信息，同时积极争取外界尤其是国际上的软硬件两方面的学术援助，以便保持复旦大学长盛不衰的发展势头。

从1981年起，我担任"世界银行贷款大学发展项目"第一个项目中国专家组的副组长，该项目提供中国798万美元用于引进设备和人员培训，惠及国内28所重点大学。在如何合理分配使用这笔贷款问题上，我与专家组成员一起，结合国内的实验室建设实际，通过对国外实验室技术管理的调查，开创性地提出将这笔贷款主要用于建设国内实验室和人才培养，在得到国家教委支持后又组织邀请了国内外有关专家，在上海召开了第一届"大学实验室和技术管理国际研讨会"，进行广泛交流。经过此后一段时间的努力，我国大部分重点大学都建起了一些重要实验室，科研设备也有了很大改善。复旦大学还直接改进了分析测试中心、计算中心及其他一些重点学科的建设。另外又利用世界银行贷款邀请了一些国内外著名学者来校讲学，还派出一批硕士、博士、访问学者出国培训。1985年，"世界银行贷款大学发展项目"第二个项目施行，我担任了中国专家组组长。这个项目主要支持了工科院校和经济学科的课程改革。1991年，我又出任"重点学科发展项目"专家咨询组组长。为了世界银行的贷款能产生最大效益，我与专家组成员一起，对国内外许多高校、实验室作了实地考察，为引进科研设备和人才资源，促进我国科技发展尽一分力量。

在任复旦大学校长期间，我和同事们一起着手对原有学科进行改造，以便适应世界科技潮流和中国改革开放现实的需要。我具体考察分析了当时国内高校特别是理工科院校的专业设置、培养目标、专业训练和教学计划，同时联系考察"四化"建设中所需的各类人才的合理比例构成，以及对各方面人才的实际能力的要求。我们认为，原有的文理分立的办学模式已远远落后于现实的要求，为适应社会发展多方面的需要，高校必须加强各学科间的横向联系，着眼于有计划、成规模地培养一代文理、理工相通的交叉型、复合型人才。国家在预见到现代科技发展和社会发展对人才的需要的同时，必须及时对教育制度做出相应的改革调整。我的这些分析意见和建议刊载于《人民日报》《文汇报》等报纸杂志，在高校中反响很大，引起了持久深入的讨论。

我和同事们一起大胆地改造了一部分老学科，创立起一些切合现实发展的新的学科部门。如改造复旦大学经济学老学科，在原有基础上建立起世界经济系、世界经济研究所，创办了经济学院等新的系所学术机构，并进一步加强了与国内外经济学界的交流与合作，以适应经济建设的需要。1986年，复旦大学走在国内其他高校之前，率先建立了我国第一个生命科学院。复旦大学的技术学院聚集了电子科学、计算机科学、应用力学、光源科学、材料科学等新老学科，进一步加强了对富有开拓创新精神的优秀专业人才的培养工作，成功地培养出一批适应社会需要、各方面素质优秀的硕士和博士。

三、价值选择和对社会责任的真诚实践

我对自己奋斗历程和业绩始终只有一个结论——平凡。我只是一个很平凡的人，我把自己对事业的执着追求和对社会的奉献定位在对社会责任的真诚实践，并在实践中注意团结周围的同事共同奋斗。于是对我来说，也就没有什么"不平凡"，没有什么值得标榜，我所能做的也就是始终无悔的价值选择和对社会责任的努力实践；所取得的成绩也是集体智慧的结晶。因此我的发展性思维的动力还在于对这种社会责任感的生存体验。正是由于这种对社会责任的倾心，我才能一再地作出果断的选择，始终保持发展锐意；才能执着于自己的事业，并最终多方面地充实丰富了自己，使自己成为一名不只是徒有虚名的科学家。

我以我们这一代科学家对社会责任的真诚实践，留给青年一代一个最有价值的思考，这就是，在科学技术迅猛发展的今天，科学家的社会责任是什

么？怎样丰富自己的社会形象？反过来看，社会又为科学家这个独特的社会群体提供了什么样的现实要求和发展条件？

院 士 展 望

再过一年多，社会就进入21世纪了，很多人都要我谈展望，这虽然是脑海中常想的问题，但真要展望下个世纪的某个学科的发展，即使是我比较熟悉的半导体物理学和半导体表面物理的发展，也不是一件容易的事，更难去展望其他分支学科了。比较可行的思路，还是通过回顾历史来展望未来。

首先从过去半个世纪的发展可以看出，物理、材料和器件三者的发展是相辅相成的。未来的发展可能也是基于器件的需求，然后促成材料和物理的发展。也可能是由于材料和物理的突破导致新的器件的发展。1949年晶体管的发明就是建筑在半导体物理和半导体单晶材料的基础上而成功的。材料制备工艺和器件工艺的发展，加上对一些物理问题的深入了解，又导致集成电路和大规模集成电路、超大规模集成电路以及甚大规模集成电路的飞速发展。1971年Intel公司4004微处理机芯片的诞生是个重要的里程碑，该芯片具有2 300个晶体管。然后的进展十分迅速，时隔仅25年，1996年Intel公司推出的P6具有550万个晶体管，是4004的2 400倍，而1997年，奔腾Ⅱ则具有700多万个晶体管。这个速度是惊人的。有人认为到2020年，一台计算机的能力将是现在美国硅谷的计算机能力的总和。

很显然，21世纪一块芯片上半导体晶体管将越来越多，集成电路的线条也越来越窄，当线条窄到0.1微米以下时，在这些电路中穿行的将只有几个电子，增加一个或减少一个电子都是很重要的，必须用量子理论才能处理。虽然器件的尺寸仍在宏观范畴，但却要用微观体系的量子理论来处理，因此产生了介观物理学，它的发展目前方兴未艾。介观物理不仅涉及半导体，也包括工艺上能制备出的纳米体系，例如团簇和各种纳米结构，范围相当广，是材料物理学的一个新的内容。

当然，人们最关心的仍是集成电路，如再继续向小型化发展下去，工艺会遇到困难。是在集成电路的框架下继续向小型化发展，还是另辟途径，利用新的机理来发展有开关功能的计算机元件,这是科学家们近年来常考虑的问题。正在开发的"量子点"和由此而发展的有关性能的单电子晶体管就是新途径之一。这里有很多新的现象值得探索。要发展到有实用价值,可能还需要做很多研究工作和解决许多工艺问题。体积越小,表面所占的比重也越大,因此在这些新的领域中既有半导体物理,也有表面物理,但是内容却是崭新的。对每个人来说,只有活到老,学到老,不断学习这些新的内容,才有可能去迎接新的挑战。而我自己却已年逾古稀,如能起到指路的作用,让年轻人去闯,那就堪于自慰了。

［本文发表于《院士思维》(卷一),卢嘉锡主编。安徽教育出版社,1998年。《谢希德文选》收录,收入本书时有删节］

开拓篇

筚路蓝缕，开疆辟土扬四海

怀念谢希德教授

黄　昆

2000年3月4日，对中国物理学界来说，实在是巨大损失的一天。两个与我有密切关系的物理学家——我在西南联大时期的硕士研究生导师吴大猷先生和我多年的同事谢希德教授，都在同一天驾鹤仙逝。谢希德已经离开我们两年多了，但许多往事仍历历在目。

我与谢希德认识交往已有40多年。1930年代初，我在燕京大学附中上过半年学，1937年至1941年，我也在燕京大学物理系上学，谢希德的父亲谢玉铭教授当时是燕京物理系的教授。也许我那时见过她，但互相并不认识。我与谢希德认识开始于1950年代。由于我们都从事固体物理，特别是半导体物理的教学与研究，当时国内作这方面研究的人又很少，我们成为很熟悉的"小同行"。自此以后，我与谢希德在教学、科研、写书、召开学术会议、制定科研规划等诸多方面，互相配合，来往很多。小一点的合作，不计其数，大一点的合作主要有三次。

我与谢希德教授第一次合作是开办半导体专门化培训班。1956年3月，我参加了制定我国十二年科学技术发展规划。其后，为了发展无线电电子学、自动化、半导体和计算技术这四个现代科学技术发展中具有关键作用的新学科领域，使其在短时期内改变现状，接近国际水平，科学规划委员会提出《发展计算技术、半导体技术、无线电电子学、自动学和远距离操纵技术的紧急措施方案》（后来人们简称之为"四大紧急措施"）。四大紧急措施方案呈到国务院后，周恩来总理亲自过问审议，立即批准。我也参与制定了这个方案，并和其他专家一起建议：为了适应迅速发展的半导体科学技术事业的需要，要尽快培养半导体专门人才。不久教育部决定，将北京大学、复旦大学、吉林大学、南京大学和厦门大学的有关教师，四年级本科生和研究生近300人（包括南开大学及清华大学本科生和旁听生20名），从1956年暑假起集中到北京大学，开办我国第一个半导体专门化培训班。专门化培训班由我担任班主任，谢希德任副主任，集中在一起的教师近30人。当时，谢希德在复旦大学物理学系工作，她的孩子才出生不久，只有5个月大，她以国家的科学技术事业为重，毅然把孩子留在上海。8月份，她来到北京，全身心地投入我国第一个半导体专门化培训班的创建。

从1956年暑假到1958年，我们五所大学的教师通力合作，没有经过任何筹备阶段，按时开设了一系列从理论到实验的课程，例如："固体物理""半导体物理""半导体实验""半导体材料学""半导体器件""晶体管电路"等等。除教学外，师生还分别在半导体物理、半导体理论、半导体器件物理和工艺等方面开展研究工作，做毕业论文。我和谢希德一起，主讲"半导体物理"这门课，并指导学生半导体物理研究。半导体物理学是半导体科学与技术的学科基础，但是，由于这是一门新兴学科，直到1950年代初，国际上还没有专门的教科书。因而我们讲课主要凭过去的研究经验以及教学积累，主要的参考材料是国际物理期刊上的论文。谢希德白天上课，查资料，晚上静心写作，给我留下很深的印象。在讲课的基础上，我们对教材进行了整理，于1958年完成了《半导体物理学》这本书，并由科学出版社出版。《半导体物理学》这本书从理论上系统地阐述了正在迅速发展的半导体物理学科的基本物理现象和理论，是我国半导体领域最早的一本专门著作，在国际上也可以算是前沿。在很长一段时间内，这本著作是我国半导体科学技术各个专业的研究人员基本参考书，是一本培养半导体学科专门人才的广为使用的标准教材。

五校联合专门化培养比较系统地培养了我国第一批半导体专业的毕业生，共有200多名。其中北京大学学生为五年制，分别在1958、1959年毕业；其他学校的学生为四年制，分别于1957、1958年毕业，其中有少数学习优秀的学生转入北京大学，延长到五年毕业。这是我国半导体物理教学事业中的一件大事。随后，全国许多高校纷纷仿效成立了半导体专业，还建立了研究所和生产半导体材料和器件的车间。1960年，在中国科学院应用物理所半导体研究室基础上，中国科学院半导体研究所成立。我国半导体学科和半导体技术很快独立自主地发展起来。五校联合专门化培养的这批人是我国半导体事业的骨干力量，对于推动我国半导体专业的教学与科研，对于推动我国半导体产业的发展，起了重大的作用。1986年10月，为了纪念我国半导体专业创办30周年，当年五校的师生重聚北京大学，举办了学术报告会。会议检阅了我国半导体专业人才队伍的成长，回顾了三十年来我国在半导体物理、半导体微电子学和光电子学取得的成绩以及与国外的差距。会上，谢希德做了题为《半导体物理新进展》的学术报告。会议纪要高度评价了当年五校师生创业时有理想、有决心以及团体艰苦奋斗、团结协作的精神，也高度赞扬了谢希德教授的贡献。

1958年，谢希德回到上海，被任命为复旦大学物理学系固体物理教研室主任。她随即在复旦组建了以半导体为主的固体物理专门组，并参与筹建了中国科学院上海技术物理所，同时兼任技术物理所副所长。谢希德为培养我国的固体物理人才作出了卓越的贡献。我从1960年起兼任北京大学物理系副系主任，主管科研工作。1960年代初，国家科学技术委员会为我国科研长远发展的需要，决定设立一系列重点科研实验室。1962年，在广州召开的国家科学研究规划会议上，我与谢希德教授联名提出建议，要在我国开展固体能谱研究。这是我们的第二次合作。固体能谱研究，是运用各种实验手段（主要是光谱）和理论方法，探索固体内部电子的运动规律，它虽然是基础的物理研究，但对发展新材料和新型器件，具有重要指导意义。我们的建议获得了政府批准，由政府拨款，从1963年起，我们各自在北京大学和复旦大学，以半导体教研室为主，联合其他有关教研室的研究组，组织起队伍，从国外引进了一些先进的仪器，筹建起能谱研究室和实验室。我们强调理论研究与实验结合，理论研究与发展新材料、新器件结合，经过广大师生的努力，开始做出了一批具有相当水平的工作，推动了全国固体物理基础研究的发展。其中，谢希德带领学生用电子计算机计算半导体能带，属于国内最早开展这方面研究的单位。可惜的是，固体能谱研究室没有来得及在科研工作上取得显著的系统成果。尽管如此，当时建立的实验设备为"文化大革命"以后的发展打下了基础。

"文化大革命"期间，我和谢希德尽管受到了不公正的待遇，但是，我们总是努力为祖国、为社会主义事业做尽可能多工作。我们切身体会到，祖国的命运、中国科学的发展和我们个人的命运,是紧密地联系在一起的。更令人印象深刻的是,谢希德在1966年即被确诊患了乳腺癌,期间多次复发,但她始终顽强地与病魔作斗争,拖着病体,无论在工厂、在课堂、在病房,她始终充满信心。

1970年代末,我国半导体物理研究迎来了历史上最好的发展时期。在中断多年以后,全国半导体物理会议开始每隔两年举行一届。在之后很短时间内,我国在若干半导体物理领域取得了令人瞩目的进展。1986年10月,在纪念我国半导体专业创办30周年的学术报告会上,在众多与会者的要求下,会议纪要提出,争取1992年第21届国际半导体物理会议在北京举办。会议责成我和谢希德组织一个精干的调研和筹备班子,提出方案,提交给1988年在波兰召开的国际纯物理和应用物理协会(IUPAP)半导体委员会。国际半导体物理会议是两年一次的系列会议,被国际上公认为代表半导体物理领域最具权威性的高水准的国际会议。由于以半导体为先导的信息科学具有重要的、战略上的应用背景,发达国家都十分重视,投入了大量的人力和物力从事半导体物理研究。半导体物理实验,本身又往往需要高新技术设备,欧美国家有明显的优势。国际半导体物理会议,历来由欧美国家唱主角,发展中国家几乎没有什么发言权,在亚洲,也只有日本举办过。按照惯例,申请主办国际半导体物理会议的国家,在会议召开四年以前就得获得IUPAP半导体委员会的初步批准,并在两年以前得到最后确认。1988年,谢希德接替我,担任IUPAP半导体委员会委员。在华沙举办的第19届国际半导体物理会议期间,谢希德成功地使北京成为第21届国际半导体物理会议第一候选城市。然而,1989年以后,国外一些半导体物理科学家要求改变第21届国际半导体物理会议地点。在谢希德和其他一些同志的不懈努力下,1990年在希腊举办的IUPAP半导体委员会正式决定在北京举办第21届国际半导体物理会议。即使如此,国外还发起签名运动,号召抵制在北京召开的国际半导体物理会议。在谢希德推动下,在大家齐心协力下,我们终于克服了重重障碍。1992年8月,第21届国际半导体物理会议成功地在北京召开。这是我国第一次主持召开如此高规格的IUPAP系列会议。谢希德担任大会的组织委员会主席,我与张立纲担任大会的程序委员会主席。我与谢希德第三次的合作十分愉快,会前与会议期间,我们商量种种具体问题，确保会议开成一个高质量的学术会议。谢希德对学术活动的高度重视、杰出的社会活动能力、细致的工作作风，使我从另外一个角度更加认识谢希德。

谢希德和我合作非常好。我们在许多方面有共同点，又有许多不同的地方。从某种角度说，谢希德和我具有互补性。

谢希德看的文献很多，对国际国内的学术动态十分清楚；而我文献看得比较少，喜欢自己"闭门造车"。自己创造的东西和接受别人的意见，对我来说，后者要困难得多。我与谢希德每次出席全国半导体物理会议，都被邀请作大会报告。我主要讲一些自己最近的研究心得，面很窄；和我不一样，谢希德一贯十分重视把国际上最新的发展信息反馈给国内同行，她的大会报告，往往对与会者启发帮助更大。我读过谢希德写的一些评述国内半导体物理发展的论文，发现她对国内的现状确实十分了解。

谢希德十分重视学术交流，善于与国外科学家交流，也善于组织学术活动。她从1983年起，多年来，每年参加美国物理学会的"3月会议"；除了担任第21届国际半导体物理大会组织委员会主席，她还组织了第4届国际表面结构会议。而我除了十分必要性，一般不喜欢参加学术会议。我参加学术会议喜欢坐第一排，发现听讲效果随距离衰减得很快。即使坐第一排，我听别人讲问题的接受能力也很差。在同一个国际会议上，谢希德往往很活跃，与许多人交谈，很熟；而我则有点"孤家寡人"味道。

用张立纲的话，谢希德非常"smooth"，充满人情味，对手下的人很照顾；相形之下，我有时有点不通情达理，比较"死板"。谢希德与群众打成一片，一点架子也没有；而许多与我不熟悉的人往往觉得我不容易接近。

谢希德除了是一个科学家，还是一个杰出的社会活动家。她担任复旦大学校长、上海市政协主席，还有许多社会兼职。她很忙，但各种关系处理得都很好，《谢希德文选》这本书有一部分叫《社会篇》，上面有谢希德就香港回归、中美关系、海外留学、妇女问题等一系列问题写的文章，还有为一些书写的序言。我虽然担任过中科院半导体所所长，但我很不会当领导，也不喜欢参加各种会议和活动。我不会讲话写文章。我中学语文基础没有打好，多少年来，在各个时期，各种场合都给我带来不小的牵累（从早年的考试到以后的写作，以至讲话发言）。

还可以列出一些不同点来……尽管如此，我们都热爱祖国，热爱物理，都把自己最好的年华献给了中国的半导体物理教学与研究。我永远怀念谢希德。

（作者：黄昆，中国科学院院士，中国科学院半导体研究所研究员。本文原载于《追思·谢希德教授纪念文集》）

光辉的一生，崇高的品德
——深切怀念谢希德教授

陆 栋 王 迅

2000年3月4日晚9时35分，与病魔顽强斗争到最后一息的谢希德先生不幸与世长辞，离开了我们，也离开了她毕生为之奋斗的共产主义事业。

物 理 世 家

谢希德先生，1921年3月19日出生于福建省泉州市蚶江镇赤湖乡。她的父亲谢玉铭早年毕业于燕京大学，1923年得到洛克菲勒基金社的奖学金赴美国留学，母亲郭瑜瑾女士则在厦门大学念书。谢希德4岁时，母亲不幸患病去世，此时，父亲正在美国芝加哥大学攻读物理博士学位，幼小的谢希德在祖母照料下过日子。1926年，谢玉铭先生学成回国，应聘在燕京大学物理系执教。谢希德7岁时，父亲与燕京大学数学系毕业生张舜英女士结婚。继母对她十分疼爱，她的心灵得到极大抚慰，她11岁时进入燕大附中，在那里认识同班念书的曹天钦，后来她转学到贝满女中读书，"敬业乐群"的校训给她深刻的教育，使她常怀念当年对学生既严格要求又和蔼可亲的师长们。

她的父亲后来任燕京大学物理系教授和系主任，是我国物理学界的老前辈，在教学和科研方面都有非凡的成就。在他主持下，燕京大学物理系在国内首设"杂志讨论"课。在30年代，燕京物理系的实验研究跃居全国前列，培养出许多国内外知名的学者专家,如孟昭英、张文裕、王承书、褚圣麟、卢鹤绂等都是他的学生。1932年他重访美国,在加州理工学院与豪斯顿合作,对氢原子光谱精细结构做了极准确的测定,发现与当时量子力学理论不符,预言电磁辐射场起重要作用。这是后来拉姆和库什在1946—1947年完成的并于1955年获得诺贝尔物理学奖的拉姆移动实验的前驱。谢老先生当年建议的理论方向,也正是后来重整化理论的成功所在。1986年谢希德访美时,杨振宁兴奋地告诉她,研究物理学史的克里斯曼在他的新著《第二次创生》中记述了她父亲这项重要实验工作。1986年正在她访美期间,得悉谢老先生在台湾过世,享年91岁。

战 乱 年 代

1937年卢沟桥事变后,谢玉铭教授举家南下,应邀在湖南大学任教。谢希德先后在武汉圣理达女中和长沙福湘女中读完高中。1938年夏天,日寇炮火逼近武汉、长沙,但当时仍举行高考统一招生。谢希德报考了湖南大学数学系。不久长沙告急,全家搬到贵阳山城。谢玉铭只身回到迁往辰溪的湖南大学。好不容易转移到贵阳后,谢希德住进医院切除扁桃腺,加上腿痛难忍,虽然接到了湖南大学的录取通知,不得不申请在家休学一年。后来经医生诊断她的腿痛是股关节结核。那时没有治结核病的特效药,生这种病被视为绝症。她在石膏床上与病魔斗争了四年光景。当时日寇飞机狂轰滥炸,时常得躲避空袭。虽然遭受病痛与战争的劫难,但她是一个意志坚强的青年,在治病和休养期间,大量阅读英文小说,这对她后来的发展很有帮助。1942年夏,她身体康复后考上迁至贵州省湄潭县的浙江大学物理系,但由于父亲不同意而放弃。后来全家从贵州搬到福建长汀县,父亲应聘为厦门大学数理系教授,并兼任系主任、理学院院长和教务长。在萨本栋校长和谢玉铭、傅鹰等教授的共同努力下,厦门大学成为当时东南首屈一指的大学。就在这时,谢希德考入厦门大学数理系。她勤奋好学,训练严格,基础扎实,尤其是在父辈们的亲切熏陶下养成了优良的学风。1946年秋她大学毕业后,来到上海沪江大学任助教。连绵不断的战火,辗转不定的生活,艰难困苦的环境，使她成为具有强烈爱国心的青年，立志继承父业，出国深造为祖国未来奉献力量。

游子回归

　　1947年谢希德赴美自费留学，由于张文裕和王承书夫妇的帮助，她进入了著名的史密斯女子文理学院攻读硕士并兼任助教，从事碳氢化合物吸收光谱中氢键信息的分析，获硕士学位。1949年又进入著名的麻省理工学院物理系深造，在运筹学开拓者、著名物理学家莫尔斯和阿利斯教授指导下，从事高压状态下氢的阻光性的理论研究，这项研究当时是为了探索恒星物质的光谱，今天关于阻光性的分析仍然是高压凝聚态物质判别相变的手段。1951年，她获得博士学位后，应著名物理学家斯莱特的邀请，在麻省理工学院的固态分子研究室任博士后研究员，从事半导体锗微波特性的理论研究。在这些科研工作中，她开始对半导体物性研究产生了浓厚的兴趣。然而，此时此刻，她渴望早日返回刚解放不久的新中国，参加建设。可是，当时美国的杜鲁门政府敌视中国，滞留在美国的约5 000名中国理工科留学生都被禁止回大陆。原来计划曹天钦到美国工作一段再一起回国的打算，不得不改变。她为了尽早回国只好申请转道去英国。在得到了英国朋友李约瑟博士的担保后，谢希德才获得了去英国的特殊"旅行证"，在英国与曹天钦博士结婚后乘船借道香港，历时一个多月于1952年国庆节回到上海。当时，回国留学生已经很少，广州的归国留学生接待处已经撤销，他们回来时没有受到欢迎，没有鲜花。但游子终于回到了家园。

创业伊始

　　回国后，原在上海交通大学的周同庆教授曾请她去交大任教，由于院系调整，她来到复旦大学物理学系。当时学习苏联的教学体系，复旦大学物理学系面临师资力量薄弱、又需开设许多新课程的困难。谢希德承担了极其繁重的教学任务，从1952年到1956年，先后主讲六门基础课和专业课，且都编写了教材和讲义。她善于组织课程内容，切合学生实际，由浅入深，信息量大，条理清晰，语言流畅，学生们深得教益。现在我国许多中年科技骨干，包括好几名中科院院士都是她当年的门生。在她和方俊鑫的努力下，复旦大学比原计划提前两年于1955年开设了固体物理专门化培训班，致力于半导体物理的发展。1960—1962年间，她同方俊鑫教授合作，编写了《固体物理学》（上、下册）一书，由上海科学技术出版社出版，深受国内各大学师生欢迎。80年代，这部书重新修订，谢先生增写了《非晶态物质》一章，保持原书特色，既系统讲述本学科的基础内容，又介绍各主要分支的发展概况，1988年这部书被国家教委评为优秀教材。

1956年5月，谢希德和曹天钦不约而同地在同一天加入了中国共产党。1956年秋，为了实现国家十二年科学发展规划，北京大学、复旦大学、南京大学、厦门大学、吉林大学五所大学物理系的部分师生，汇集于北京大学，共同创办联合半导体物理专门化。黄昆教授任教研组主任，谢先生任副主任。他们通力合作，为我国培养了一大批半导体科技骨干人才，还撰写了一部专著《半导体物理学》，1958年由科学出版社出版。这在当时国际上是一部学术水平很高的权威性著作。这一年起，她开始招收我国的第一批副博士研究生。令人敬佩的是，她为了科学事业，放下出生才五个月的小孩，交给爱人曹天钦照料，毅然去北京大学工作了将近两年。

奠 基 于 兹

回到复旦大学后，她在复旦大学重新组织力量，建设半导体物理学科。同时，她还于1958年创办上海技术物理研究所，任副所长（1958—1966）。在她精心指导和组织下，坚持应用技术和基础研究并重，培养了一大批人才，为上海技术物理研究所的发展奠定了基础。

20世纪60年代初，国家重视基础研究。1962年在广州举行的国家科学研究规划会议上，她和黄昆教授联名建议开展固体能谱研究。这项研究旨在进一步探索固体内部电子运动的规律，对发展新材料和新器件具有指导意义。国家科委经过审核，很快将它列为国家基础研究的重点项目（国重26号项目），并由北京大学、复旦大学、南京大学共同承担。在她领导下，复旦大学建立了顺磁共振、红外光谱和强磁场等当时先进的实验技术。上海的第一套液氮装置也开始在工厂加工。1962年11月，她晋升为教授。她为研究生开设"半导体理论"和"群论"课，编写讲义，指导研究生从事空间群矩阵元选择定则、应变条件下半导体载流子回旋共振理论、间接隧道效应理论、半导体能带计算等项科研课题，1966年1月，她率团参加英国的固体物理年会，宣读她自己和北京大学、南开大学两位同行的论文。1966年夏，在北京召开的亚非科学讨论会上，她作了能带计算成果的报告，与亚非拉学者进行交流。她编写的群论讲义在1986年进行了改写，出版为专著《群论及其在物理学中的应用》，此书现已成为国内许多大学研究生的教材，使学生较容易掌握群论这样抽象的数学工具，受到师生们的好评。

开 拓 前 沿

1976年10月粉碎"四人帮"后，祖国又有了希望。1977年8月，邓小平同志在中央召开的科学教育工作座谈会上指出，新中国成立后17年，我国科学、教育战线的主导方面是红线，我国知识分子绝大多数是自觉地为社会主义服务的。我们要尊重脑力劳动，尊重人才。这给知识分子莫大的鼓舞，谢希德又重新焕发出了她在科学方面的青春。她敏锐地抓住了国际上70年代迅猛兴起的新兴学科表面科学，作了广泛和翔实的调研，在1977年年底的全国自然科学规划会上，提出在我国发展表面物理的倡议。这个报告得到与会科学家的赞赏。她的倡议得到国家科委和高教部的支持。返校后，她立即着手筹建以表面物理为研究重点的复旦大学现代物理研究所。在她的积极推动下，我国表面物理学的两个研究中心分别在中国科学院物理研究所和复旦大学建立了起来。1982年，美国著名物理学家科恩教授来华讲学，回国后评论说："谢希德教授作了明智的选择，在复旦大学开展表面物理研究。"

再创辉煌

复旦大学的表面物理实验室经过十多年的努力,建立了比较扎实的理论与实验基础,并且在1990年由国家计委批准,建设为"应用表面物理国家重点实验室",于1992年12月通过国家验收。该实验室已拥有比较先进的表面研究与制备的大型设备许多台。在化合物半导体表面结构与电子态研究、Si/Ge超晶格、量子点和低维量子体系、表面和超薄膜磁学、多孔硅的发光特性研究等方面取得了许多有国际影响的成果。谢希德和她直接领导的理论组在"半导体表面电子态理论""镍硅化合物和硅界面理论研究""金属在半导体表面吸附及金属与半导体界面电子特性研究"和"量子器件与异质结构电子性质的理论研究"方面取得了出色的成果,获得国家教委科学进步二等奖四项。她还获得1997年何梁何利基金科学技术进步奖。她于1988年和1997年两次为表面科学方面的权威刊物 *Progress in Surface Science* 撰写了《半导体表面的金属吸附和金属半导体界面的电子特性》和《Si/Ge超晶格的振动特性》两篇综述论文。1994年为 *Surface Science* 纪念出版30年的专集,撰写了介绍中国表面科学发展综述论文。她主编和审定的《固体能带理论》于1998年年底出版,受到同行好评,1999年该书获得两项全国性奖。

谢希德的科研成就和国际学术交流方面的卓越贡献,得到国内外学术界的赞誉,享有崇高的声望。她被选为中国物理学会副理事长(1978—1991),1980年她当选为中国科学院数理学部委员(院士),1981年和1992年两度当选中国科学院学部主席团成员。1986年她被选为美国物理学会的名誉会员(Fellow),1988年当选为第三世界科学院院士,1990年被选为美国文理科学院外国院士。美、英、日和中国香港等国家和地区的13所大学授予她名誉科学博士、名誉工学博士和人文科学博士学位。她是国家纯粹和应用物理联合会(IUPAP)半导体委员会委员(1987—1993),《表面科学》等六种国际学术杂志的顾问和编委。20世纪80年代初,美国著名科学家、两次诺贝尔物理学奖获得者巴丁教授率团访华。他回国后称赞说:"在中国科学界中,谢希德教授是属于最有影响的人士之一。"事隔近20年光景,巴丁教授对谢先生的评价可称是卓见非凡、令人叹服。

重任在肩

谢希德不但是一位国内外知名的物理学家,也是一位杰出的教育家。在高教事业方面,谢希德的贡献是突出的。她先后担任复旦大学副校长(1978—1983)和校长(1983—1988)长达十年之久,建树累累。她率先在国内打破综合大学只有文科理科的苏联模式,根据复旦大学的条件增设了技术科学、生命科学、管理科学等五个学院。她大力提倡师生的创造性和科研工作,加强国内外的学术交流,学校教学质量和科研水平与日俱增。她深知抓好教师队伍建设的重大意义,采用破格提升的方法,鼓励学科带头人脱颖而出。她注意发挥教师在教书育人中的指导作用,1986年秋在复旦大学推行导师制,她设立"校长信箱""校长论坛""新闻发布会",沟通校内各方面情况,及时解决存在的问题。1987年6月,在她接受美国纽约州立大学奥尔巴尼分校授予名誉博士时,《今日美国》报社记者称她为"中国的哈佛大学校长"。在她的任期内,复旦大学重新奋起。她以解放思想、开拓创新的精神,严谨务实的作风,在学校的学科建设、师资培养、教学和科研水平的提高上取得显著成绩,使复旦站到了国内高校的前列。她率先带领复旦大学走出国门、扩大国际合作交流,向世界开放,极大地提高了复旦大学在国际上的知名度,她以自己的学术风范、人格魅力教育和影响学校师生,在复旦大学树立了严谨、务实、开拓、进取的良好学风。

誉满四海

谢希德是我国改革开放以后推动国际合作交流的一位出色领头人和组织者。在70年代末她就打消各种疑虑,积极开展与国外的联系,大力推荐我国学者去国外访问、进修和合作研究。国内各学校和研究所经她亲自推荐去国外留学及工作的学生和学者不计其数。她在与国际科技界友好往来和学术交流中，显示特有的智慧和才干。她为我国物理学界与国际物理学界建立各种合作交流协议，作出了重大贡献。她不顾年迈体弱，频繁地率团出席各种国际会议，特别是自1983年起她每年都参加美国物理学会的"3月会议"，回来后必向国内同行介绍当前物理学前沿的重要发展。根据国家的需要她还多次应邀出席各种国际会议，作有关中国科学、教育和社会发展等方面的报告。她以一个科学家的身份，向国外全面介绍中国，增进各国人民对中国的了解。她足迹遍及美、英、法、德、意、日、俄、波兰、匈牙利、希腊、泰国、委内瑞拉等等国家。许多美国科学家曾说过，谢希德是在美国人中知名度最高的三位中国人之一。

在她和黄昆先生艰苦持续的努力下，争取到了1992年在北京召开第21届国际半导体物理会议，谢希德担任会议主席。这是第一次在亚洲发展中国家召开的国际半导体物理会议，为提高我国在国际半导体物理学界的地位，起到很好的推动作用。1993年她又主持在上海举办的第4届国际表面结构会议。

1980年3月和1985年2月，世界银行两度给中国优惠贷款，作为中国大学发展项目的资金。谢希德先后任中国专家组副组长和组长，工作非常繁重细致。1991年年底，国家教委成立重点学科发展项目的世界银行贷款中外专家咨询组，她又任专家组组长。她的出色工作为我国几十所大学改善教学和科研条件、促进实验室的设备现代化和加强对外学术交流起到了关键的作用。

1985年她说服美国国会拨款在复旦大学成立美国研究中心，并兼任该中心主任。1989年美方一度停止拨款，经过谢先生不屈不挠的努力，进行说服工作，一幢新的美国研究中心大楼和配套设施终于在复旦大学落成，中心为促进中美两国科学和文化交流，增进两国人民的互相了解和友谊发挥了巨大作用。1998年11月4日，在谢希德患病期间，美国半导体工业协会专门出资在复旦大学美国中心设立谢希德奖学金。

在复旦大学校园里，她曾接待过来访的法国总统德斯坦、美国总统里根以及国务卿舒尔茨等外国领导人。她代表复旦大学授予一批世界上著名的学者、教授为复旦大学名誉教授、顾问教授的称号。1998年，美国总统克林顿和夫人来华访问，与各界人士在上海图书馆举行座谈会，特邀谢希德参加。她在改善中美关系方面发挥了一些外交官所不能起到的作用。谢希德团结各界人士、国际友人、海外学子和侨胞，为振兴中华、建设祖国作出了重大贡献。

光辉永存

谢希德是一位出色的社会活动家。她历任中国共产党第十二、十三届中央委员，第八、九届中国人民政治协商会议全国委员会常务委员，第七届中国人民政治协商会议上海市委员会主席、党组书记，上海市第三届科学技术协会主席等职。她于1977年12月获上海市先进科技教育工作者称号，1979、1980年两次荣获全国"三八"红旗手称号。

1998年3月谢希德先生在参加完了美国物理学会"3月会议"后，身感不适。由于工作繁忙，当时未能详细检查。1998年6月被医生确诊为乳腺癌晚期，7月份做了手术，并施行化疗和放疗。在谢先生住院的一年多时间里，她从未停止过工作。她与国外仍天天有电子邮件来往。每天处理大量文件、修改研究生和青年教师的论文，帮助写推荐材料，为青少年写作科普读物，接受媒体采访……在病情相对稳定的短暂出院期间，她还不顾劳累出席上海市政协会议、中国科学院数理学部全体会议，主持上海市欧美同学会理事会等。1999年12月，谢先生的病情急剧恶化，医院采用了各种抢救措施，仍未能使病情好转，在最后两个多月中，谢先生以她惊人的毅力、顽强的斗志同超乎寻常的巨大痛苦做抗争，医务人员都被她深深地感动而流泪，说从未看到过这么坚强的病人。2000年3月4日的晚上，她静静地走了。

在谢希德先生逝世后的讣告中，党和人民给予她高度评价："中国共产党优秀党员，忠诚的共产党主义战士，著名物理学家、教育家。""我国半导体物理学的开拓者之一，我国表面物理学的先驱者和奠基人。""谢希德同志的一生，是忠于党、忠于祖国、忠于人民的一生，是崇高实践、追求真理、献身科学与教育事业的一生，是廉洁奉公、淡泊名利、无私奉献的一生。她虚怀若谷，治学严谨，乐于助人，以崇高的人格魅力和对事业的执着追求，在社会各界享有崇高的威望。"这样的评价谢先生是当之无愧的，她永远值得我们尊敬和怀念。

（作者：陆栋，复旦大学物理学系教授；王迅，中国科学院院士，复旦大学物理学系教授。本文原载《谢希德文选》《追思·谢希德教授纪念文集》，收入本书时有删节）

怀念谢希德先生

沈学础

著名物理学家和教育家、中国科学院院士、中国科学院上海技术物理研究所的老所长谢希德先生离开我们已经21年了。在深切怀念、哀思延绵的同时,她主持创办中国科学院上海技术物理研究所,以及后来关心、指导和支持红外物理国家重点实验室工作的情景历历在目。她为中国科学院上海技术物理研究所的创建和发展作出了不可磨灭的贡献,将永远为人们缅怀;她对我个人的关心、指导与帮助,我永远铭记在心。

筚路蓝缕,创所功臣

1958年夏秋之交,在国际上半导体研究开始繁荣、半导体产业刚刚起步发展之际,以中国科学院和复旦大学联合创办的模式,谢希德先生受命创建上海技术物理研究所,并担任副所长至1966年。建所之初,她带领20多名复旦大学物理学系三年级、四年级的学生和几名大学刚毕业的学生或毕业不久的青年教师,白手起家,开始了半导体材料、器件、物理,包括低温和高压下的半导体物理,以及固体物理的其他相关学科和应用的课题研究。当时,这些年轻人的研究历程是这样开始的:几个人背着旅行包,口袋里装着几百元现金,上南京路或北京路购买电子元件、五金工具及小型机械装置;或者去附近工厂,和工人师傅一起画图纸、加工部件。就这样,空空如也的"实验室"就慢慢地填入了稳压电源、振荡器、真空系统、单晶炉、热处理炉……1959年,谢先生又领导创办了上海技术物理学校,吸收上海同济中学两个班级的毕业生入学培训，学习半导体科学技术的基本知识，毕业后分配到所参加实验室工作。经过一段时间的努力，上海技术物理研究所很快就初见雏形。

创建研究所，工作千头万绪，除了研究课题设置要面向国家科学技术发展需要和紧跟国际科学发展脉搏外，谢先生始终抓住人才培养这一核心环节和龙头。须知在那个年代里，做到这一点是很不容易的。对提前毕业参加研究工作的大学三、四年级学生和技术物理学校的优秀毕业生，谢先生安排他们修完大学本科课程；对其中少数人，谢先生就像培养在职研究生那样，还安排他们修完由她主讲的研究生课程，并具体指导其研究工作。有一件事令许多人感动不已，并且至今铭记心头和受益匪浅：有七八位原来从事电子学课题研究的青年研究人员，在前两年繁忙的工作中忽略了补修基础课程。1960年年末、1961年初的寒冬季节里，利用学校放寒假的机会，谢先生采用集中强化的方法，亲自为他们补修大学四、五年级的核心课程。其中"半导体物理"，她接连讲了六个上午，每次讲课三个半到四个小时，在一周内为他们速成讲完了"半导体物理"课程。众所周知，那时正值国家经济困难时期，人人面有饥色，浮肿颇为普遍，谢先生也不例外。但她不顾劳累，拖着瘦小的身躯，精神饱满地给年轻的研究人员补给科学的食粮。除补课和指导研究工作外，谢先生还多方寻找渠道，选送青年人赴京到当时研究水平已经比较高的中国科学院物理所、电子所等"老所"进修。谢先生还利用自己的影响寻聘国内知名科学家对口指导我们一些优秀青年科技人员，定期来研究所讲学和指导工作。对赴京进修的青年科技人员，谢先生甚至过问他们的旅途交通细节。当时赴京火车除少数从上海发车直达北京的外，多数需在南京下车摆渡到浦口转车，并在天津再次转车到达北京。当得知有几位进修人员是用后一种交通安排乘车赴京时，谢先生几次埋怨具体主管人员未作好安排，并自我检讨自己没有仔细过问此事。

1958年，许多省市都成立了中国科学院的分院并建立了一批研究所。但在1960年至1962年国民经济困难时期进行的科研机构调整中，它们中的绝大多数都被调整和撤销了。上海技术物理研究所能够保留下来，并发展成今天在国家高新技术发展和科学实验方面有重要影响的研究机构之一，这显然和谢先生办所过程中始终抓住人才培养这一核心环节，从而已初步培养和形成了一支比较年轻有为的科研队伍密切相关。事实上，早在1960年代初期，上海技术物理研究所已经开始承担国家重点研究项目，包括基础研究项目的固体能谱课题和应用研究项目的红外遥测装置，并在1963年中国物理学大会上报告研究结果，在国内研究机构中崭露头角。谢先生创建上海技术物理研究所功不可没。

谢先生从研究所初创起就十分注意研究所的学风建设和青年研究人员的思想品德修养，不论是在分析讨论研究计划、研究结果时，还是在审阅修改论文时，都处处体现她的严谨求实的科学作风。对实验结果，她苛求多次重复和符合规律；对科技论文，她逐字逐句斟酌修改，甚至作者姓名的英文翻译也仔细考究。有了不同意见和矛盾，她劝导课题组长要先人后己，正确对待名誉、利益。

1977年，谢先生来不及洗涤心理创伤和医治被癌细胞长期侵蚀造成的身体伤害，高瞻远瞩，在复旦大学发展表面物理研究的同时，来上海技术物理研究所介绍相关科学技术的最新发展和我们可能开展的研究领域。曾记得，当谢先生在我所的共青楼大教室作学术报告时，近200个座位的大教室不仅座无虚席，而且四个位子的长椅多数挤坐了五六人，全场鸦雀无声，聆听先生讲演。在那个年代里，图书馆里许多外文科技杂志都已停订10年，听了谢先生的精彩报告，许多人才豁然开朗：外面世界的科学技术已发展到我们望尘莫及的地步。谢先生的报告不仅指导我们选择研究领域和课题，而且无声地激起我们急起直追的雄心和坚毅精神。

虽然自1967年起，谢希德先生已不再兼任上海技术物理研究所的领导职务，但仍无微不至地关怀着研究所中青年学者的成长。她不仅亲自为许多人出国留学、访问、进修写推荐信，而且亲自为一些中青年研究人员出国选定和联系国外大学或研究机构，许多人是经由谢先生的直接联系，才找到了满意的海外留学进修单位的。望着谢先生拖着疲惫的身体，用一架老式手动英文打字机为我们起草并打印推荐信时，我们无不感动得热泪盈眶。

高瞻远瞩，助推国重

1985年8月，上海技术物理研究所物理研究室组建为中国科学院红外物理开放实验室,我担任主任;1989年,成为国家重点实验室,我担任实验室主任直至1993年,此后担任实验室学术委员会主任。自1985年红外物理实验室成立以来,谢先生一直担任实验室学术委员会委员。其间,谢先生曾担任中共中央委员、上海市政协主席、复旦大学校长和中国科学院主席团成员等要职,但她始终参加每一届每一次学术委员会会议,从不因自己工作繁忙、年老体弱或位高权重而缺席,并始终以普通委员的身份与其他科学家一起商讨实验室的工作成绩、存在问题和改进途径。她关于实验室学术方向、人才培养、基础研究与应用研究相结合,理论研究与实验研究相结合等方面的真知灼见常常令实验室领导人和相关研究人员倾倒并将其作为座右铭。在红外物理国家重点实验室建立以来的15年中,不论在学术委员会开会期间,还是在日常的岁月里,谢先生都始终如一地关注、支持和帮助红外物理国家重点实验室的工作和事业的发展。她经常参加和主持该室成果的评议;主持或参加该室博士研究生的论文答辩。她以一贯的严谨科学态度,实事求是地评价研究成果,没有浮华的词汇,但一定充分肯定工作的成绩和研究结果的

▲ 红外物理国家重点实验室学术委员会合影,前排右五为谢希德

科学意义；为年轻博士的卓越论文叫好，但也绝不会放过哪怕只是引用文献中错漏与英文字母的疏忽。她的言传身教，给人启迪和鼓励，让人口服心服，也让人咋舌，不敢丝毫懈怠。她对红外物理实验室有深厚的感情，始终与实验室同呼吸，为它的成果欢愉，为破格重用杰出青年人才而奔走呼号，并为他们中一些人的流失而叹息。谢先生对于实验室人才成长的关心更是有口皆碑。她是良师益友，许多科研人员都得到过她的指导和帮助。红外物理国家重点实验室成立35年以来，保持全优的成绩，已培养出4名院士，连续多次被国家计委、国家科委和国家自然科学基金委评为"先进集体""优秀实验室"，1995年被美国《科学》杂志列为中国的11个一流实验室之一。这些无不浸透着谢先生对实验室工作的关怀和指导。

师恩难忘，永远怀念

我是复旦大学1955级本科生，1958年以全优的成绩提前毕业，在谢希德先生的指导下，参与到创建上海技术物理研究所的行列中。为夯实我的专业基础，谢先生指导我修读完大学本科课程，并把我作为研究生培养，带教我修读完她主讲的研究生课程，悉心指导我开展研究工作，同时选送我到中国科学院电子所进修。

在谢希德先生的悉心培养下，1962年，在国家经济困难时期，在各研究所纷纷撤并的艰苦条件下，我开展的"高压下隧道二极管的伏安特性"研究取得了很好的成果。10月，谢先生带领我去参加中国半导体第二届年会，在会上，我报告了自己的研究成果，这也是上海技术物理研究所的研究人员第一次在全国的会议上作报告。1963年，我又代表上海技术物理研究所在中国物理学大会上，面向很多大科学家汇报研究进展。自此，上海技术物理研究所逐渐在国内声名鹊起，这些与谢希德先生的指导息息相关。

谢先生甘为人梯，不拘一格降人才。1981年，我从德国访学归来，还是讲师身份，她就邀请我担任她的硕士生、博士生毕业论文答辩会的主席，给予我巨大的信任和鼓励；她还推荐我从讲师破格晋升为研究员，虽然最终没被评上，但这份唯才是举的勉励让我终生难忘。谢先生大公无私，胸怀坦荡。在我评选院士的过程中，她勉励我有全局观念、礼贤尊让、正确看待荣誉与得失。

受谢先生耳提面命多年，谢先生身上体现的唯才是举、关心提携后学、全心全意为国育才的伟大人格深深地感染着我，我也努力地去践行谢先生对我的谆谆教诲。

1963年，我在中国物理学学会上所作的报告发表后，我们得到了60多元钱的大额稿费，谢先生建议我们应开会来讨论决定奖金的分配方案。她这一民主公平的作风也深深地影响了我，后续再获得奖金时，我都会交给党组织，由党支部来研究决定如何分配。

为了给国家培育高质量的科技人才，1988年，我联系大众汽车基金会主席、德国Würzburg大学的G. Landwehr教授，在中国设立了留学资助项目，资助物理学科的学生赴德国留学深造，并邀请谢希德先生担任该项目的中方代表。该项目连续实施了10年，为中国培养了100多名优质的物理学专业人才，这批留学生目前都已成为相关领域的中坚力量。

2000年，在谢先生弥留之际，她语重心长地对我说：你一定要始终关心复旦物理学科的发展和人才成长！这一掷地有声的临终嘱托一直在鞭策着我：一定要为复旦、为国家物理学科的进步殚精竭虑，不敢有丝毫的懈怠。2000年12月，我谢绝了条件优越的其他邀约，来复旦物理学系开辟新的研究方向，组建单个纳米结构的显微光谱实验室，培养研究生20多人。我长期担任复旦大学的应用表面物理国家重点实验室的学术委员会委员，助推其发展。同时，为复旦物理学科的发展、人才引进、项目申报、科研合作、人才举荐等各项工作提供不遗余力的支持和帮助，希望自己的这些努力能够告慰谢先生的殷切期盼。

斯人虽逝，风范永存。在纪念谢希德先生百年诞辰之际，我们缅怀她当年创业的艰辛，缅怀她的卓越贡献和崇高品德的同时，一定要更勤奋有效地工作，为国家、人民作出更大更多的贡献。

（作者：沈学础，中国科学院院士，中国科学院上海技术物理研究所研究员。本文原载《谢希德文选》，2021年2月修改）

谢希德先生与中国物理学会

杨国桢

谢希德先生是我极为敬仰的女科学家。她不仅学问好，在与国际科学界的友好往来中，也彰显出独特的智慧与个人魅力。谢希德先生不仅是国内外知名的物理学家、杰出的教育家，也是迄今为止中国物理学会发展史上唯一的一位女性理事长。谢希德先生从1963起开始担任中国物理学会的理事，1978年至1991年担任中国物理学会副理事长。我从20世纪80年代开始担任中国物理学会的秘书长，与谢先生有过较多的接触。她在我的心目中是一位让人肃然起敬的巾帼英雄。

▲ 中国物理学会第四届全国会员代表大会开幕式（1987年2月，北京）
　自左至右：钱三强、周培源、谢希德、黄昆

谢先生十分重视学术期刊在学术交流中的作用。1974年由中国物理学会和中科院物理所主办的《物理学报》复刊，谢希德先生担任副主编，与主编王竹溪、副主编管惟炎和李荫远先生一起为学术期刊的发展出谋划策。谢先生先后在《物理学报》发表了《隧道二极管伏安特性的温度关系》《能带理论的进展》《稀土元素在硅表面的化学吸附》等8篇论文，身体力行地为《物理学报》的发展作出了切实的贡献。

随着中国改革开放，谢先生具有前瞻性地开始推进中国物理学会英文刊物的发展。她担任了中国物理学会于1982年创办的第一个英文学术期刊《理论物理通讯》的副主编。1984年，中国物理学会创办《中国物理快报》英文快报类学术期刊，谢希德先生与黄昆、李政道、杨振宁、周光召一起担任期刊顾问。此刊坚持国际快报类刊物的选稿原则，强调研究成果的首创性及推动其他研究的重要性，从内容到形式基本实现了与国际接轨，为中国物理类学术期刊的国际化迈出了重要一步。

谢希德先生在担任中国物理学会副理事长期间，致力于推动国内外学术交流。1984年，中国物理学会恢复加入了国际纯粹与应用物理联合会（IUPAP）。谢希德先生于1987年至1993年一直担任国际纯粹与应用物理联合会半导体委员会委员，并担任国际半导体物理会议的顾问和程序委员会委员。1990年当选为在北京召开的第21届国际半导体物理会议主席。当时在北京召开国际会议异常困难。在谢希德先生、黄昆先生和张立纲先生等共同努力下，会议于1992年8月在北京召开，中外专家500余人出席这届大会。这是第一次在亚洲发展中国家召开的国际半导体物理会议。这次会议对我国半导体学科的发展以及青年人才的培养，起到很好的推动作用。自1983年起，谢希德先生几乎每年都代表中国物理学会参加美国物理学会的"3月会议"，每次开完年会回来，她都要举行报告会，把厚厚的会议材料整理成一个个精练的学术报告，给国内同行和学生带回国际物理界的最新科研动态和成果。

谢希德先生积极组织和推动中国物理学会和美国物理学会在原子、分子和凝聚态物理基础研究合作计划的实施（1983—1991）。20世纪80年代初，杨振宁先生、周光召先生和当时的美国物理学会主席R. Marshak共同发起和推动了这个计划，后交由中美双方物理学会组织的委员会负责组织和实施。

1996年3月，谢希德在美国出席美国物理学会"3月会议"，会后访问伊利诺伊大学

中国物理学会请谢希德先生（代表教育部系统）和章综先生（代表科学院系统）作为负责人。中国每年计划派出10名左右年轻物理学家到美国著名大学进行约为期两年的合作研究。他们分别来自北京大学，清华大学，复旦大学，中科院物理所、半导体所和理论物理所等单位。美国的接待单位包括哈佛大学、耶鲁大学和普林斯顿大学等著名大学。此计划的实施起到了良好的作用。例如，首批人员中包括甘子钊、郑厚植、苏肇冰、杨国桢、张光寅、邹英华、钱士雄和王文魁等人，他们回国后在各自岗位上都作出了较大的贡献。

谢希德先生把她的一生贡献给了中国的物理学研究和教学事业。为纪念她并鼓励更多投身于物理研究与物理教育的女物理工作者，2006年，中国物理学会和上海市科学技术协会联合设立谢希德物理奖。谢希德物理奖每两年评选一次，截至2019年，共有13人获得该奖项。希望谢希德物理奖能够为献身于中国物理学研究和教育事业的女物理学工作者提供更多展示她们才华的机会。同时，也希望谢希德先生的优秀品质和卓越功绩鼓舞我国物理学后辈，特别是鼓舞我国物理界的"半边天"后辈，创造出更为辉煌的业绩。我相信，历史将铭记这些巾帼不让须眉的杰出女性。

谨以此文，纪念谢希德先生百年诞辰！

（作者：杨国桢，中国科学院院士，中国科学院物理研究所研究员）

美研中心的创始者　中美关系的推动者

倪世雄

我们敬爱的谢希德教授于2000年3月4日不幸逝世，美国研究中心的同志们一直沉浸在万分悲痛之中。我们深切地感到，虽然谢老走了，但她的音容笑貌仍然在我们的眼前。在她遗像前，我们缅怀谢老平凡而伟大的一生，追思她凝重而光辉的业绩。她的高风亮节、高尚情操、高贵品格和高瞻远瞩永远激励我们前进。

谢希德教授是复旦美国研究中心的创始者，对中心的创建和发展呕心沥血，竭尽全力。1985年，在担任校长期间，谢老以远见卓识和坚韧努力，在国内高校中首创了美国研究中心，并担任中心主任。15年来，在她的领导和言传身教下，中心从无到有、从小到大，发展成为国内外有相当影响和水准的国际问题研究机构，成为中美两国友谊和交流的桥梁和纽带。是谢老，以宽广的视野，为中心确定了四大功能（研究、教学、交流、咨询）；是谢老，以务实的作风，为中心制定了四个项目（中美关系、安全防务、美国经济、美国宗教与文化）；是谢老，以积极的态度，支持在校内设立了深受师生欢迎的美国研究双周讲座；是谢老，以极大的热情，不断开拓中心与国外学术机构的联系和合作。在过去的日子里，美国研究中心共发表475篇文章、85种专著；召开45次国际会议，举办各种国内研讨会和讲座200多次；中心成员出访190多人次，邀请前来讲学或进修的国内外学者和专家400多位。这一件件、一次次、一桩桩都凝聚着谢老的关注、投入和心血。谢老病重住院一年多里，我带着中心1999年至2000年的工作计划到医院向她汇报，她认真批阅，仔细修改。她对我说，这一年度的中心工作正好处于跨世纪的历史时刻，具有特殊的意义。中心应从世纪之交的战略高度，以新的精神风貌和不懈努力，抓项目、出成果，抓队伍、出人才。她在工作计划上批下"如何落实"四个字，强调这是关键。我不愿相信，这竟成了谢老批示的最后一份中心的工作计划。

谢希德教授是中美关系的推动者和中美友谊的播种者，对中美关系的改善和发展作出了重要的贡献。谢老在对外交往中不卑不亢，热情友好，以理服人，以情动人；她几十年如一日，广交朋友，以她那独特的人格魅力，感染了无数的美国人，受到美国朋友的爱戴和尊敬。其中最突出的例子是美国众议员柯特·韦尔登（Curt Weldon）先生。过去，由于对中国不了解，韦尔登先生曾在众议院投票反对延长对中国的最惠国的待遇。1998年，他访问中国（曾访问复旦大学并作第一次林肯讲座）后，完全改变了对中国的看法，对中国十分热情、友好。我有幸陪同谢老去拜访韦尔登先生，亲眼看见谢老如何驾轻就熟、娓娓道来地做这位议员的工作。韦尔登先生被谢老的智慧和人格所折服，成为谢老的崇拜者。柯特·韦尔登众议员现担任该院军事研究与发展委员会主席和科学委员会高级委员，在美国国会颇有影响。他曾要求国会山上的美国旗帜为谢希德教授飘扬一天，国会接受了。他还托人带来了那面美国国旗及证书，交给了王生洪校长。证书上写道："兹证明这面美国旗帜是应柯特·韦尔登议员的请求，于2月24日在国会山上飘扬，以表彰谢希德教授对中美关系所作出的贡献。"韦尔登先生在给我们中心的信中还说："长期以来，我特别敬重谢希德教授对科学和中美关系的突出贡献，和她的每次见面都使我感受到她的智慧和人格的力量。她是一位品质高尚的人。作为美国的一位议员，我为有机会与她一起推动中美关系走向21世纪而感到荣幸。"3月5日，当得知噩耗后，他立即电告，对谢老逝世表示深切哀悼。他希望谢老儿子办理后事回去后打电话给他，约时间见面；他希望有一份谢老的英文简历和讣告，他将在众议院的会议上宣读；他将亲自主持在宾州的关于科学技术与21世纪中美关系的讨论会，以纪念谢希德教授。从这个故事，我们不仅看到了谢老对中美关系的影响，也看到了中美关系发展的希望。

谢希德教授离开了我们，离开了她所深爱的祖国和世界，但她的精神、品质和人格将永存。我们美国研究中心的同志们将以她为榜样，继承她的遗志，推进她的事业，为中心的建设和复旦大学的发展作出新的努力和贡献。

（作者：倪世雄，复旦大学美国研究中心原主任、教授。本文原载《谢希德文选》《师表·回忆谢希德》）

一位成就卓越的教育家
——纪念谢希德校长诞辰100周年

王增藩

谢希德院士是我国半导体物理学的开拓者之一，是我国表面物理研究的先驱者和奠基人。她又是新中国任命的第一位大学女校长，富有教育实践经验，桃李满天下。谢希德关注并投身国际学术文化交流，为复旦大学和中国走向世界做出自己的贡献。

2021年是谢希德校长诞辰100周年。我与谢校长接触是从1980年3月给苏步青当秘书开始，直到2000年。回忆中，她除了亲切和蔼，平易近人之外，给我印象最深的就是一个"忙"字。忙于教学、忙于培养半导体急需人才等。1978年她作为副校长，又忙于配合年近八旬的苏步青校长主持学校工作。

倾注心血　办好大学

教育家既要有自己独特的教育思想，还要有行之有效的治校方略，更应有社会公认的办学实践。教育家必须有较长时间成功主持一所学校的实践经历。没有主持一个学校的实践经验，只有对教育现象的理论研究，这样的人可能是理论教育家；只有对教育规律的实践探索，这样的人可能是教学专家。他们都未必成为一流的教育家。教育理论家的成果主要是以论文、著作来体现的，教学专家的成果主要是以教学成绩来体现的，教育家的成果主要是以办学实绩来体现的。根据校长应是教育家的观念，中国高等教育学会2008年把谢希德教授列入《共和国老一辈教育家传略》出版名单，这是从客观事实出发的正确决定。

让我们看看谢希德校长在以上这几个方面所展现的才能吧。

着力制定学校发展规划初步设想。1983年8月刚上任，谢希德就在自己的书屋写作，还冒着摄氏37度、38度高温，修改、审定1984年至1990年复旦大学发展规划初步设想。10天之内主持两次会议，对学校规划作了大的修改。她还亲自起草给党中央领导的建议稿，谈及自己对办好重点大学的设想。

她认为一所好的综合性大学，要有党的坚强领导，要有健全、权威的校级领导班子，才能调动广大师生的积极性；要有较强师资队伍，较好条件的实验室，学生进校后才能得到较好的培养；学科门类要比较齐全，理论基础比较深厚，才具有开发新学科和边缘学科的能力，才能为"四化"建设作出较大的贡献。之后有关发展新学科、交叉学科的观点，都重点列入了该规划中。作为谢希德身边的一位工作人员，她的见识和行动深深令我感动！

教师是学校的重要组成部分，是学校的灵魂。师资质量如何，将直接关系到一个学校的办学成败，关系到一个学生的成才与否。作为复旦大学的校长，谢希德深知，抓好师资队伍建设的重要意义，并采取积极有效的措施，逐步而扎实地提高学校师资水平。在她的领导和安排下，学校师资办公室通过调查研究，广泛听取意见，制定出《如何发挥学科带头人作用的几点意见》，对工作有突出贡献的带头人，给予越级晋升和增加工资等待遇。1985年，为奖励先进，谢校长又抓紧工作，给全校10名优秀的学科带头人晋升两级工资。这些做法，促进了一批学科带头人的成长，为学校的师资队伍建设，积淀了大量优秀人才。

一所大学的学术方向，与各个专业的学术专家的水平有着密不可分的关系。为此，学校大力起用年轻冒尖人才，加快师资队伍的培养速度。谢校长对工作中有突出成绩的7名40岁以下的教师，破格晋升为副教授。今日许多学科的带头人不少是那时打下的基础，谢校长实在功不可没。

这种对大学教育的战略眼光、对人类知识发展的战略水平、对一群有很高学历但又有个性的大学教授的管理水平、对如何找钱与如何引进顶级教授的办法，才是一名大学校长的真正"岗位绩效说明书"的内容。大学校长首先应该是一个教育家，日益受到教育界的同仁的认可。我们衷心期待大学让"一流的教育家"管理学校，使大学成为真正的学术殿堂。

教育家当校长，并不是都讲规划未来，还要有校长职业的人文情怀，有一颗热爱师生炽热的心。体察民情、和善可亲的校长，才能赢得师生们的爱戴。热情的老师和学生总会在路上跟谢校长交谈几句。老师们希望谈谈分配房子的事，会要求关心一下他们的职称评定之事。学生们总会说一声"老师好"，或配以敬佩的微笑。有一次，路上行人特别少，却遇到了一位新闻系进修的学生，他正在进行摄影实习，谢希德被选为练习摄影的对象，耽误了好几分钟。

按校长的规格，从住处到学校上班，应有小轿车接送。可谢校长却总是出现在接送教师来校上课的大型早班客车上。她借机与同志们交流，倾听各种议论。教师对学校的意见和要求，就在客车里得到了交流。学校有些重要决策，又通过谢校长的宣传深入人心。谢校长曾这样评价自己坐校车上班的好处：我觉得这是一件非常愉快的事情。在车上我既可以提前处理一些公事，又可以借这个机会与同事们交流。听听各种议论，其中虽有发牢骚的，但也不乏具有独到见解的。

把握机遇　与时俱进

要有敏锐的发展意识，是一流校长必备的条件。谢校长认为，思维超前，才能把握发展时机。她就任之时，国家正面临着一次大的科技革命。现代科学技术发展极为迅速，各个领域新的研究成果，新理论、新思想、新技术、新知识层出不穷。在知识更新加速的年代，只有积极贯彻开放的政策，拓展与国际的科学信息交流，才能使教学、科研工作及时反映国内外较新的科研成果与较高的学术水平，并最终赶上甚至超越。

在谢校长的关心和积极联系下，短短的七八年间，复旦大学就有600多人次到国外进行学术活动，其中100人已出国两次。这些教师出国学习归来后，更新了教学内容，改进了教学方法，促进了科学研究，还对建设国家急需的缺门学科产生了积极作用。从1979年至1985年，几百位外国专家、学者，到复旦大学进行了学术交流，大大拓展了师生的眼界，提高了学校的国际地位。

谢希德认为，现代学科的发展既高度分化又高度综合，有的专业有些课越来越窄，而世界上不少著名大学又不断打破原来各系各学科的历史界限，建立了跨学科的研究中心或研究综合体，让各系各不同学科之间相互配合，共同来完成某些大型的科研课题。复旦大学利用校内有利条件举办讲座报告、讨论班、培训班，开展自由探讨问题，使众多的教师水平得以提高。

谢希德认为，"四个现代化"对人的需求，除了需要能从事自然科学基础理论研究的人才，以及能够解决当前工程技术问题的人才之外，还需要一种人才，即能站在基础理论和工程技术之间的研究与开发人才。经过几年的努力，复旦大学打破了综合大学只有文理科的格局，相继成立了技术科学学院、经济学院、管理学院、生命科学学院等好几个学院，变成一所拥有人文科学、社会科学、自然科学、技术科学、管理科学的综合性大学。

复旦大学从建校开始就有着和世界广泛联系的优良传统。曾经有人在评论中国的大学时称，复旦大学是最"崇洋"的大学。虽然有点调侃之意，但却反证了复旦大学办学的开放性。交流和合作中共赢，在这一点上，谢希德校长做得很好，坚持优良的传统，引领复旦大学走在世界最前沿。

20世纪80年代，正是谢希德担任复旦大学校长期间，时逢国家改革开放之初，许多政策还不太明朗，但她已经意识到复旦大学与国际接轨的重要性，并逐步加强复旦大学开放性交流合作的力度。后来据海外许多学者反映，也是从那时起才突然接触到许多复旦学者，长期以来"与世隔绝"的复旦大学，因此在国际上声名鹊起。

"迈出去"是一种坦荡，怀天地于胸。复旦大学20世纪80年代初的出国学者，大部分是由谢希德送出去的。每年都要为考取出国攻读研究生的物理学系学生写推荐信，每次给学生写推荐信，谢希德都是在向老师了解学生情况后亲笔写，从来不用别人代劳。这件事在学生中广为流传，誉为典范。

1985年，当时作为校长的谢希德高瞻远瞩，意识到中国和美国之间存在着许多研究和交流的缺陷，便有成立美国研究中心的想法。同年2月1日，复旦大学美国研究中心经批准成立，她兼任中心主任。这在全国高校中应属首创。十年后，美国研究中心二期工程又竣工投入使用，该中心现已成为一个相当有影响和水准的国际研究机构。这一切都源于谢希德最初的想法以及后来的努力。

谢希德担任市政协主席之后，仍十分关心学校的科研工作。每年应邀出国参加学术会议，以及世界银行贷款项目会议，仍然没有间断，她经常有机会接触到世界上最新的研究成果和各类信息。美国物理学会（APS）照顾到该国不同地区的科学家，每年"3月会议"都在美国不同城市召开。这个会议是一个以凝聚态物理为主题的会议，但是也有许多和材料物理、生物物理、化学物理、高分子物理以及流体动力学有关的内容。自从1983年参加"3月会议"以来，谢希德不论什么情况每年都参加，目睹科学界许多令人兴奋的进展，也带回了许多新信息、新动向。每次回国后，谢希德到表面物理研究所的第一件事，就是把最新的科研情况，向同事们作介绍，并提出一些新的研究方向，对老师的科研选题帮助很大。

道德高尚　作风严谨

在一个人的生命中，总要经历许许多多的挫折与困难。但正所谓，"艰难困苦，玉汝于成"。或许在偶尔的几次战斗中，会因为种种身不由己的原因被打败，但她绝不能因此被打垮。谢希德长期与癌症作斗争，多次发作，这对一位校长来说她所承受的艰难就更加巨大了，她与癌症进行三回合顽强的斗争，直到2000年抢救无效离世。

1999年5月1日以后，我得知谢希德校长再度患病，常到上海华东医院院士病房看望她。可每次进入视觉的总是"忙"——忙于会见外宾，与远在加拿大的厦门大学校友会书信来往；忙于为北京大学高教研究所提供办学教育的意见；忙于为报社记者审阅稿子……医院特地为她提供的市内电话号和电传忙个不停。我就问她，你这样不是很累吗？她私下跟我说："我这个人知足常乐，能够活到60岁就非常满足了。超过60岁的每分每秒，我都会用来为教育科研事业、为人民、为社会工作。"对于生命，她有这样一个理念：生命是现成的，但是你如何去使用生命的每一天，每一个小时则是自己安排的，一定要珍惜每一天，珍惜我们现在的生活。在最后一次手术半个多月之后的一天，我走进病房探望，她只是平淡地说，手术后还需要做6个疗程的化疗和一个疗程的放疗。看得出她对未来充满信心，还希望工作。对于一个自幼多病的人来说，她感到这是一个奇迹。原先的目标已经远远超额完成。不过虽然是多活了，但她不认为生命任务已经终结，而要把多活下来的时间，统统用到教学、科研与育人上。

面对着这样一个坚强的战士，我又一次受到强烈的感染和震撼。和现在相比，健康的我更应该珍惜可贵的每一时刻，为祖国的繁荣昌盛作出贡献。德高望重不是显赫的地位，也不是远扬的名字，而是一个人本身所拥有的高尚品质和人性的光辉。谢希德教授留在我心中的，是一种不屈不挠的精神力量，是一个高大的形象，她的一生感人肺腑。

身为一校之长，首先得了解基层，掌握大量的第一手资料，才能更好地知人善用、因地制宜，领导开展好学校工作。每隔一段时间，她就会向办公室主任了解学校的动态。具体开展哪些工作，办公会议决定的事项落实了多少。虽然教学工作、学术研究、校际交流等很忙，但谢校长仍然想方设法坚持了解情况，联系基层，为学校争取必要的图书设备。谢希德与数学系的党政领导及部分骨干教师聚集一堂，召开一次"编外"的校长办公会议，解决复旦大学数学系外文图书资料不足的问题。如今该室已成为国内数学界闻名的资料室。

在多年领导深化教育改革实践的同时，谢希德经常在报纸杂志上发表一系列文章和讲话，教育思想涉及学科建设、师资培养、科学研究、学风校风等方面。主要论文有《学校改革的根本问题在于提高教学水平、学术水平和管理水平》(1983年，《上海高教研究》第七期)、《迎接新技术革命的挑战》(1984年3月，《上海高教研究》)、《学习决定，推进高校教育改革》(1985年1月，《高教战线》)、《坚持教育改革，创造两个文明，把复旦办成第一流的综合性大学》(1986年6月，《高教战线》)、《从严治校，建设良好的校风学风》(1987年11月19日，《中国教育报》)等等。

对写作这些文章，谢校长都有深刻的考虑，先给我讲个大概意见，再由我代拟出初稿后，多次送阅。文章上留下许多修改的笔迹，没有反复三稿，是不会定稿发送出去的。记得在一篇为中学生写的《为振兴中华而学习》的文章中，谢校长特地在初稿上留下亲笔字：历史事实也证明，只靠科学，并不能救国，还要记住没有共产党就没有新中国，我们要热爱社会主义祖国，以此来激发为振兴中华而学习的热情。

谢希德校长严谨的学风给我深刻的教育，特别是我第一次为她写传时，付印之前，她发现还有错误要求改正。出版社的同志虽有怨言，但看到谢校长作风如此严谨，深受感动，就不惜代价一定要让谢希德校长满意。

谢希德校长担任复旦大学副校长、校长前后计11年。任上有很多高教界的创举。为大学校长的治校方略、治学经验，积累了丰富的经验。谢校长作为高等教育领域的佼佼者，对高等教育的贡献弥足珍贵，不愧为成就卓越的教育家。

（作者：王增藩，曾在复旦大学校长办公室工作，《谢希德传》作者之一）

追思篇
鞠躬尽瘁，德高望重永感怀

Xie Xide and Me

Nelson Kiang

Xie Xide and I had a close personal relationship despite our living halfway around the globe most of our lives. She was eight years older than me, but from the very first moment of our meeting in Shanghai, we bonded as if we were siblings. One of my closest friends, Professor Nien-chu Yang was married to Ding-Djung Huang, who was a former roommate of Xie Xide when they were both graduate students at MIT.

One of the most touching moments of my life was when Xie Xide made a special visit to Fudan, virtually on her deathbed with cancer, to greet me and to introduce me to the audience for my talk at Fudan. It was the last time she left the hospital. Everyone was surprised that she was able to make the trip and several were weeping as they knew it would be her last visit to the Center for American Studies, which she founded.

I have many stories about our relationship, which I may relate elsewhere. Perhaps the most tangible memento of our friendship is the many thousands of books I donated to the Center for American Studies at a time when the Center needed them to establish its relevancy. A number of young students from Fudan studying in the USA have told me how my books opened their eyes on American culture aside from the dry official documents on the US.

（作者：Nelson Kiang，复旦大学美国研究中心顾问）

回忆谢希德先生

张开明

我是1952年夏因院系调整从上海交通大学来到复旦大学。那年秋天，我经常会在学校大门附近看到一位身穿旗袍、化了淡妆的和蔼可亲的老师慢慢地走过，后来知道这是刚从美国回来的物理学系老师谢希德先生。我当时常怀着崇敬的心情看着她的跛行。1953年春天，谢老师来给我们数学系上"理论力学（下）"。她的讲课深入浅出，既清晰易懂，又能引起我们的兴趣。从那时开始，谢希德就成了我心中崇敬的老师。

后来，听说谢希德老师在筹备表面物理教研室，我主动找到谢先生，投奔她的门下，开始了半导体表面的理论研究工作。

十余年来，在谢先生的领导下，我们后辈深感她的学术品德和为人处事的高尚情操，终生难忘。

爱护青年教师

1979年10月，教育部安排谢先生带领华中一和我一行3人访问美国。我们从东到西访问了很多美国高校。当时中美建交不久，美方对中国的教育感到既新鲜又好奇。美方一个民间组织"中美友协"特地为此召开大会，要我们介绍中国。对此我很紧张，因为这不是讲科学，我的英语也不熟练。谢先生特意帮我们准备，还替我写好英语的发言稿（在大会上发言），我很是感动。

平时，当我们和外国人交流时，谢先生也常会在关键时刻提醒一个单

回忆谢希德先生

词。对于像我这样第一次去美国的人来说,真是受益甚多。

对学术要求一丝不苟

有一期《自然辨证法杂志》上有篇文章批评某著名大学的一位教授的论文中有抄袭国外论文的现象。谢先生一早就拿来教育我们组里的教师和研究生,绝不能做这种事,不能有半点抄袭。我们的论文都要经过她的审阅。她工作很忙,经常出差,她会把我们的文稿带在旅途中审阅。

我们曾经有一篇半导体表面研究的科学综述文章在国外发表,其中当然要引用很多已发表的文章。她要求对每一篇引用文献的结果和图表,都要发信给对方,征求同意才能引用。我为此花了很多时间。这也深深教育我们,要尊重知识产权。

关心国外的访问学者

每次和谢先生去美国参加学术会议和访问期间,她都强调要关心复旦大学在国外的学者。有一次她要我给一位在美国的访问教授打电话,介绍国内情况,动员他回国。我记得长途电话打了一个小时。可见她的良苦用心!

出国访问勤俭节约

每次去美国,谢先生都非常强调节约,强调为国家节省外汇。我们都是教育部公派出国开学术会议和访问。早期她都坐经济舱。她身体不好,腿又有残疾,仍然十几小时坐在狭窄的位置上。她强调,我们是有任务的,我们不是来玩的,我们是来学习交流的。她的言行也受到国外朋友的尊重。有位美国高校的领导就跟我说,"我最尊敬两位中国女性:吴仪和谢希德"。

开展中日交流

谢先生也努力开展了中日学术交流。在复旦大学曾举办过一次中日半导体表面的学术交流会。东京大学一位教授Kamimura在退休后还特地带了他的夫人到上海来探访谢先生。

(作者：张开明，复旦大学物理学系教授)

深切怀念谢希德先生

陆　栋

我是1952年院系调整时转到复旦大学物理学系求学的，谢希德先生也是那时回国来复旦大学任教，她那时担任数学系理论力学的主讲。后来我们班有幸听她主讲的两门课："分析力学和流体力学"及"量子力学"，给我们留下很深刻的印象，得到难忘的教益。她的讲课概念清晰，逻辑严谨，条理和要点分明，板书整齐清丽，学生较容易记笔记、课后复习和完成作业。更可贵的是，两门课她都写了讲义。她还指导了我的本科生毕业论文，给我读麻省理工学院分子和固体研究室柯斯特（G. F. Koster）写的研究报告，带我到图书馆查阅文献，鼓励我做个力所能及的小题目。

1955年我大学毕业后分配在谢先生任教研室主任的固体物理教研组。她为下一届学生开设的"固体物理导论"和"固体量子理论"课也都编写了讲义，内容大体上分别与塞特耳（C. Kittel）和派尔斯（R. E. Peierls）的著作相当。不过由于她生孩子，第二门课由郦庚元先生来代课。我旁听了这两门课，算是对固体物理有一个入门基础。

1956年秋到1958年秋，五校联合在北京大学创办半导体物理专门化培训班，由黄昆先生任教研室主任，谢先生任副主任。这两年我没有去北京大学，留在复旦大学任助教，感谢郑广垣先生惠允借给我他在北京大学听讲半导体课的部分笔记，我在寒假里阅读了一个月。1958年他们返回复旦大学，复旦大学办起了半导体工厂和研究所（上海技术物理所的前身）。我没有什么专题项目，就参与了后勤采购工作，等到恢复正常教学秩序后，我才参加半导体物理和固体物理课的辅导，边干边学。

20世纪60年代，黄昆先生和谢希德先生共同倡议开展固体能谱研究。

在复旦大学，王迅等教师开展了顺磁共振实验条件的建设和研究；在理论方面，谢先生招收好几名研究生，领导大家开展群论和固体理论的研究。她亲自编写群论讲义并给大家讲课，定期举行学术报告会，气氛非常活跃。谢先生的研究生，以及厦门大学和中山大学的进修教师也参加报告会，可谓盛极一时。这时，她把本科生的半导体理论课交给我来讲，并要我协助她管理教研组内青年教师的培养，了解和检查他们的进修计划。一些50年代大学毕业的进修教师的计划则由她自己管理。她曾出题考我将英语翻译成中文的能力，后来才知道，原文是英国剑桥大学教授齐曼（J. M. Ziman）为他的名著写的序言，论述科学知识像一种化合物经过再结晶而纯化。她还单独出题考核我进修群论的情况，题目是求符合硅晶体对称性的平面波的对称组合函数。我花了6个小时完成了这道毫不含糊的大问题，用上本课程几乎所有关键要素。我的成长和谢先生的关怀和培养是分不开的，真是师恩难忘啊！

正当谢先生领导的研究组在群论和半导体能带理论计算上不断出成绩，得到国内外同行的赞赏和好评时，"文化大革命"开始了，她所热爱的事业不得不中断。其间又三次罹患癌症，身心的伤害和折磨真是难以想象，然而她坚韧不拔，积极乐观忠于党的事业。她坚持科学调研，胸有成竹地提出开展表面物理和表面科学研究的倡议，并得到了领导和科学家的赞赏和支持。很快，复旦大学建立了以表面物理为研究重点的现代物理研究所，她亲自任所长，指导各研究室协同开展科研，并先后主持举办了全国性的"固体理论讨论班"和"表面物理讨论班"。浓厚的学术空气和活跃的学术交流，让与会者兴奋不已，复旦大学很快成为国人瞩目的园地。她本人也因卓有远见和出色成果而当选为中国科学院院士（当时称为学部委员）。

谢先生非常注意发挥中青年教师的作用，华中一、杨福家、章志鸣，李郁芬、倪光炯、王迅、陶瑞宝、孙鑫等各自发挥所长，开展各项研究，取得不少引人瞩目的成果。她还积极鼓励优秀青年如侯晓远、金晓峰、黄大鸣、陈良尧、资剑等脱颖而出，茁壮成长，各自取得优秀成果。

谢先生对我的关切令我一生难以忘怀。第一件事是1978年庐山物理学年会之前约半个月光景，她要我准备一份报告，谈半导体物理的最新发展。我很为难，她鼓励我并建议讲三个问题：二维电子气、电子-空穴液滴和非晶半导体。我只得努力查阅文献，临时抱佛脚，勉强完成任务。第二件事是固体理论讨论班时恰逢几位英、美著名学者来访,她要我和其他青年教师上台翻译,她和方俊鑫先生等在旁帮助翻译那些我没有听懂或难译的内容。那时真是有赶鸭子上架的感觉,现在回想起来这是多么难得的锻炼机会啊!第三件事是当时教育部管理教材的部门希望她和方先生重新修订他们的固体物理学教材,我当时正在崇明农场劳动锻炼,她与方先生商议:建议由我与方先生合作主编新教材,于是我提前从农场返校。后来,我们请她编写非晶态物质一章时,她欣然同意,使该书生色增辉。1988年该书获国家教委高校优秀教材一等奖,也正是在这一年我被评为教授。

  1996年我退休了,休闲下来有时间想将20多年的讲稿整理成书,于是起草了一份大纲并请谢先生当主编。她认真审定,认为这大纲可行并建议我找几位年纪较小一点的教师参加,因此约了车静光、资剑、叶令和徐至中诸位教授合作,完成书稿后呈送谢先生审定。那时她很忙,身体似乎又在亚健康状态,约经过了10个月时间,她提出了许多中肯的修改意见,我们一一加以落实。我写的部分大多是文献的综合,她审阅得特别仔细,提出GW近似不宜只从数学上来推演,应当从物理的角度来阐述,分数量子霍尔效应还应增加最新发展的复合费米子内容。依照她的要求,我做了重写和补充,第二次审阅时她认可了,于是才交付出版社。这本《固体能带理论》于1998年由复旦大学出版社出版,得到同行的好评,并于1999年获得两项全国奖项。巧得很,本书的主要理论基础是电子密度泛函理论,该理论的建立者科恩(W. Kohn)于1998年获诺贝尔化学奖。本书讲述了分数量子霍尔效应及其理论,这一著名物理现象的发现者崔琦(华人)和斯托默以及理论阐明者劳夫林同年获诺贝尔物理学奖,这说明《固体能带理论》取材与学科发展的潮流是合拍的,也表明这个编写组这班忘年同学都不赖。1998年年底,我拿到此书,有几分感慨地写了一首小词纪念,现录于下:

杏 花 天

平生多在淞莊住,
时常跨越邯郸路。
复旦名学诚无数,
偏爱固体能谱。

> 三径就荒劳编述，
> 万象纷呈闲相顾。
> 老了英心何寄语，
> 新物妙理堪诉。

谢先生已走了，她留给我们一份永存的、珍贵的精神财富，她的崇高品德永远留在我们心中，永远值得我们崇敬和怀念。

（作者：陆栋，复旦大学物理学系教授。本文曾收录于《心印复旦园》）

真诚的院士　睿智的英杰
——纪念著名物理学家谢希德院士百年诞辰

陆　栋

谢先生于1951年秋获得美国麻省理工学院物理学博士学位，受聘在著名物理学家J. Slader领导的研究室任博士后研究员，从事半导体锗微波特性的研究。她于1952年国庆节回到上海，加入复旦大学物理学系任教。前三四年间，她讲授了普通物理的"力学和光学""理论力学""分析力学""量子力学"及"固体物理"课程。一门新课教材编好，常让年轻教师接替，自己再开新课。她善于组织课程内容，由浅入深，内容丰实，条理清晰，语言流畅。

从1956—1965的十年间，是她从事半导体物理学科的教学和科研的黄金时期，成果累累而且影响深远。

1956年秋，为了实现国家十二年科学发展规划，北京大学、复旦大学、南京大学、厦门大学和吉林大学五校物理系部分师生，汇集于北京大学，创办联合半导体物理专门化培训班。黄昆任教研组主任，谢希德任副主任。他们通力合作，为我国培养了一大批半导体骨干人才。他们撰写的《半导体物理学》，1958年由科学出版社出版。这是一部在国际上学术水平很高的权威性著作。这一年起，她开始招收我国第一批副博士研究生。

回复旦大学后，为加强专门化基础教学，她和方俊鑫先生合作编写《固体物理学》（上、下册），由上海科学技术出版社出版，深得国内各大学师生欢迎。80年代，这部书重新修订，谢先生增写"非晶态物质"一章，保持原书特色，既系统讲述学科的基础内容，又介绍各主要分支发展概况，1988年该书被国家教委评为优秀教材。

1958年她创办上海技术物理研究所，任副所长（1958—1966）。她坚持应用技术和基础研究并重，培养了一大批人才，为该研究所的后续发展奠定基础。

1962年2月在广州召开第二次科学规划会议，她和黄昆教授联名建议开展固体能谱研究，旨在探索固体内部电子运动规律，以指导开发新材料和新器件。国家科委很快决定将它列为国家基础研究重点项目（国重26号项目），由北京大学、复旦大学、南京大学承担。在她的领导下，复旦大学建立了当时先进的实验技术：顺磁共振、红外光谱和强磁场。上海第一套液氦设备也开始在工厂加工。这年9月，她晋升为教授，为研究生开设"群论"课，编写讲义，1986年将此讲义改写成专著《群论及其在物理学中的应用》，由科学出版社出版。此书已成为国内研究生教材，使学生容易掌握群论这样抽象的教学工具。她同时开设专业文献报告讨论会，主题来自各研究生的科研课题，如空间群矩阵元的选择定则、应变条件下半导体载流子回旋共振理论、间接隧道效应理论、半导体能带某种计算方法等。1966年1月，她率团参加英国固体物理年会，成员有张光寅（南开大学）、王迅（复旦大学）和陈辰嘉（北京大学）。1966年夏天，在北京召开的亚非科学讨论会上，她报告了能带计算成果，令与会学者惊奇中国也能有能力进行如此复杂的理论及数值计算。

"文化大革命"后，她敏锐预感科教事业新的春天来到。经过约半年调查，她发现国际上正新兴起表面科学，在1977年年底全国自然科学规划会上，她提出在我国发展表面科学的倡议。这个报告得到与会科学家赞赏，并得到国家科委和高教部支持。返校后，她立即组建以表面物理研究为重点的复旦大学现代物理研究所，下设表面物理、真空物理、低能核物理、半导体物理、理论物理、超导物理、大规模集成电路等研究室。谢先生任所长，华中一、杨福家、倪光炯任副所长。1978年1月至1983年12月期间，这个研究所共举行13个讨论班，研究课题563个，发表论文549篇，会议报告711篇，来访学者202人（1978年年末统计），受到国内外学界关注。1982年来华讲学的美国著名学者沃尔特·科恩（Walter Kohn）在回国后评论说"谢希德教授作出了明智选择，在复旦大学开展表面物理的研究"。

1990年，国家计委批准，在复旦建立"应用表面物理国家重点实验室"，王迅教授任实验室主任。实验室在化合物半导体表面结构与表面电子态研究、Si/Ge超晶格、量子点和低维量子体系、表面和超薄膜磁学、多孔硅发光特性研究等方面取得许多有国际影响的成果。王迅教授于1999年被选为中国科学院院士。实验室培养出侯晓远、金晓峰、黄大鸣等一批杰出教授。

谢先生和她直接领导的理论组，在半导体表面电子态理论、镍硅化合物和硅界面理论研究、金属在半导体表面吸附及金属与半导体界面电子特性研究、量子器件和异质结构电子性质的理论研究四项课题上均取得出色成果，各自获国家教委科学进步二等奖。1997年谢先生获何梁何利基金科学进步奖。1994年《表面科学》出版30年纪念文集，主编约她撰文介绍中国表面科学的发展。她还为《表面科学进展》写了两篇综述论文《半导体表面的金属吸附和金属/半导体界面的电子特性》和《Si/Ge超晶格的振动特性》。谢先生主编和审定的《固体能带理论》于1998年年底出版，受到同行好评，半年后该书获两项全国性奖。1991年，国内许多知名学者撰写文章，由新加坡世界科学出版社出版《表面物理及有关课题文集》祝贺谢希德教授七十大寿。人们记得，美国著名科学家、两次诺贝尔物理学奖获得者约翰·巴丁教授1980年5月访华，谢先生与他会见并亲切交谈，他回国后评述所得印象，称赞"在中国科学界中，谢希德教授是属于最有影响的人士之一"。后来的事实说明巴丁的评价太精准了。理论组出了年轻杰出的资剑、车静光教授和陈永年博士。

大学改革是个世界难题，谢先生任复旦大学领导有十年之久，责任很重，所作所为成效卓著：破除苏联办学模式，创立起一些切合现实发展的学科部门，如改造经济学老学科，在原基础上创立世界经济系、世界经济研究所；改老生物系为生命科学院，聚集电子科学和工程、计算机科学、电光源科学、材料科学等成立技术学院；大力提倡师生的创造性和科研工作，加强国内外学术交流；学校教学质量和科研水平要与时俱进；要注意教材建设，编写专著，没有名著就成不了名校；可以用破格提升的方法，鼓励学科带头人脱颖而出；推行导师制发挥教师在施教育人中的指导作用；要有计划进行学科建设和师资培养。她以解放思想、开拓创新的精神，严谨务实的作风，做好学校一切工作，使复旦大学站到国内高校的前列。她带领复旦大学走出国门，并向世界开放，提高复旦大学在国际上的知名度。《今日美国》报社记者称谢先生是"中国的哈佛大学校长"。

谢先生是一位誉满全球的人物，在艰苦努力下，她和黄昆先生克服国际上抵制在中国召开学术会议的逆流，争取到1992年在北京召开第21届国际半导体物理会议的机会，谢希德担任会议主席。这是该会议头一次在亚洲发展中国家召开，提高了我国在世界科学界中的地位。1993年她又主持在上海召开第四届国际表面结构会议。

1980年3月和1985年2月，世界银行两度给中国优惠贷款，作为中国大学发展项目的资金。她先后任中国专家组副组长和组长，工作极其繁重细微，很累人。1991年年底国家教委成立重点学科发展项目世行贷款中外专家咨询组，她又任专家组长。她的出色工作，帮助我国几十所大学改善了教学和科研条件，促进了实验室的设备现代化和加强了对外学术交流。她的功德是无量的。

我们今天缅怀谢先生的伟大贡献和崇高品德。她的事迹令人感动。她的风范永远照亮后来人前行，去报效我们伟大的社会主义祖国。

（作者：陆栋，复旦大学物理学系教授）

无私奉献　顽斗病魔

刘庚生

我在复旦大学曾在谢先生领导下做过国际交流的工作，离开复旦大学12年以后，因为欧美同学会要开展国际交流活动，我又直接在谢先生的领导下做工作。

我第一次听到谢先生告诉我她的癌症又复发的时候，是"98中华学人与21世纪上海发展"国际研讨会开幕式的那一天，谢先生在会间休息时对我说："老刘，我右乳房发现了肿瘤，开完这次大会我就去住医院。"我一听连忙说："开幕式开得很成功，别的活动您就不要参加啦，快去住院吧！"谢先生泰然地说："同学会第一次开这样隆重的研讨会，我这个会长怎么可以中途退席？你先不要向别人提起我的情况，让大家安心开好会。"她说这些话时就好像在谈家常，哪里像个得了顽症的人！谢先生总是先想到工作，先想到别人，一直坚持参加完大会的全部活动。

在术后化疗期间，谢先生忍受着各种副作用的不适，以科学求实的态度积极配合治疗。平时去看望时，总见她一边听音乐，一边看英文小说。有一次她正在笔记本电脑上放贝多芬的《命运交响曲》，她是在用伟大的音乐篇章鼓舞自己与病魔斗争。她很乐观，对我说养好了病还要去美国参加第100届世界物理大会呢！

谢先生在病中时常想到同学会的工作和2000年第二次中华学人大会。1999年我到美国探亲，谢先生几次在电话和E-mail（电子邮件）中叮嘱我一定要与乔治亚理工学院的江家驷教授联系上。果然，江教授一听是谢先生请他开会，就一口答应参加，并且对如何开好大会提出了非常有价值的建议。

由于病情几次反复，到1999年年底同学会换届后开第一次理事会时，谢先生身体相当虚弱,可是她仍坚持赶到青浦参加大会。我觉得那天她有些气喘,建议她讲话时只开个头,下面请别人读稿子,谢先生坚决不同意。她自己一口气讲完话,会后还与部分新会员合影,与会学友都很感动。谢先生走到哪里总是把力量带到哪里。会后不久,谢先生再次住院,发现胸部积液。想不到这次大会竟是我们与谢先生共同参加的最后一次同学会活动!说不定谢先生自己也明白这一点,所以那天的讲话特别深情。

2000年2月,谢先生的病情突然转重,身上插满了各种管子,头和手都不能动,但对去看望她的人还认得出来,只能用左手一个手指上下动一动表示致意。她的胸部积液每天抽一次,到后来抽出来的竟然都是血水。而且胸部有大面积的溃疡疮面。每次抽液、清洗疮口都是非常痛的,护士们说:"谢老,你喊不出来,就'哼'几声吧。"可是谢先生硬是一声不哼。护士们都说从来没看到过这样坚强的女性!

3月4日晚8时左右,我突然接到复旦大学徐明稚副校长在赶往医院途中打给我的电话,我立即赶去,不久向隆万学长也来了,可是谢先生已经听不到我们向她说的话。当晚9时35分谢先生的心脏停止了最后跳动,我在来访签名簿上写下了"一代伟人谢希德院士2000年3月4日21时35分与世长辞"与她告别。下面有很多人都签了名。我们痛失一位伟大的学者、一位慈祥的学长、一位诚挚的朋友、一位把自己的一切都献给人民事业的可亲可敬的人。谢先生的高风亮节、无私奉献精神永远活在我们心中。

(作者:刘庚生,曾在复旦大学和上海市欧美同学会工作。本文原载《师表·回忆谢希德》)

谢希德先生为复旦大学创办
世界一流大学打下坚实基础

强连庆

20世纪80年代，我有幸在谢校长领导下，参与复旦大学的教育改革。

我仅就复旦大学的教学改革，培养优秀人才，追忆谢校长的远见卓识。

谢校长提出："把教育改革不断推向深入，这是我们办第一流大学的根本"；"在教师中，要不断提高和开展'教书育人'的活动，提高教师的责任感，把育人和教学工作紧密结合起来"；"发挥教师的主导作用和学生的主体作用"。

谢校长认为，发挥教师的主导作用，需要坚持"三个提高"。

提高教授、副教授上课（尤其是上基础课）的比例。教师主导作用的发挥，很大程度上取决于教师自身业务素质的高低。我们提出提高教授、副教授上课的比例，其目的是使我们师资队伍中业务素质最好的一部分人站到教学第一线上来，使课堂教学有根本的保证。

提高一类课的比例。所谓一类课的标准是：有较好的教学梯队；有较好的教材；有较好的教学效果。这三条标准都达到属一类课，缺一条为二类课，缺两条为三类课。为什么对课程建设提出这三条标准？其用意是使各门课程建设质量往高一层次提高，使更多课程（尤其是主干课）成为"名牌课"，使教师的主导作用在课程教学中得到充分发挥。

提高学生的创造力。社会主义大学应该培养才华横溢的有创造力的德、智、体全面发展的人才。而过去我们学校培养的人才之所以很少，重要的原因，是我们仅注意传授知识，忽视对学生创造力的培养。应该把学生从死记硬背引导到独立思考上来。

谢校长还提出，发挥学生的主体作用，需要着重加强影响学生成长的最关键的四个环节：基础、实践、外语、能力。

基础。基础理论学习是学生专业学习的基本学习环节。我们认为，不能笼统地讲"知识老化"。科学史表明：专业基础理论知识的内核，远比其他专业知识成熟和稳定。学生的专业基础不扎实，会影响他们今后一生的素质。只有基础厚，才能思路广、适应性强、"后劲"足、提高快，这已为长期的教学实践所证明。因此，我们注重学生入学后最初两年的基础理论学习，并把这个阶段的基础学习置于四年学习中最重要的地位，注重学生基础学习的系统性、科学性和严格性。

实践。实践是学生学习的重要一环，是学生理论联系实际的基本功。我校理科学生实验课学时已占总学时的30%以上。在部分理科的实验中，改变过去固定时间开放的做法，全天接待学生，学生可以根据自己的学习安排，随时到实验室预约登记做实验。在完成基本要求后，学生还可以自选课题，自己查资料，自己确立方案进行自学实验，并给一定学分。这样做提高了学生对实验课的兴趣，对加强学生动手能力很有帮助。文科学生每年都有社会调查和写作训练。学生在接触社会的过程中，自己选题、定点、访问、分析、归纳，自己整理资料，最后写成文章，这是一个综合的实践过程，学习的创造性、主动性得到发挥，开阔了知识视野，起到了课堂教学难以替代的作用。

外语。外语训练是学生学习的重要方面，是学生今后吸收现代科学信息和进行国际学术交流必不可少的工具。我们首先注意加强公共外语教学。文理科学生一律采用文科统编教材，按"四会"（听、说、写、译）严格学习。实行分段教学方式，新生入学伊始，进行外语统测，打破专业界限，根据水平编入不同水平段学习，所有学生都必须通过四段方可毕业；四段通过后，可选修第五段、第六段，逐步做到外语学习四年不断线。这些措施，使学生的外语水平显著提高。

能力。能力培养是学生主体性学习的重要方面。这里主要是指培养学生运用所学知识独立分析问题、解决问题的能力。这种能力的培养是一个综合、复杂的过程，不能简单的是"第二课堂"的任务，应体现在理论学习、

谢希德先生为复旦大学创办世界一流大学打下坚实基础

实践操作、社会调查、科技活动和课外自学等方面。学生的课外勤工俭学、科技咨询活动，不能以赚钱为目的，主要还是培养能力。由于加强了这个环节的训练，许多学生在校期间就为社会作出了贡献。

谢校长还有一个观点是贯彻因材施教的原则，建立"三制"。

谢校长指出"因材施教"的原则，但过去，在"左"的思想影响下，这个重要的教学原则，在我们学校教学中没有真正体现。学校各项规章制度，用平均主义的统一尺寸要求学生，保护落后，否定竞争，妨碍了出类拔萃人才的成长。邓小平指出："要创造一种环境，使拔尖人才能够脱颖而出。"为了创造这种环境，我们建立了如下三个规章制度。

"学分制"。1980年，我们颁布了《施行学分制的几项规定》；1985年，又制定《完善学分制的若干规定》，其目的是把教学搞活，加速优秀人才的培养。如规定成绩优秀的学生经批准可准予免听或间断听课；优秀生可主修一个专业，跨学科辅修另一个专业；鼓励提前修满学分的学生报考研究生，或选修研究生课程；有特殊才能的学生可以转系、转专业，实行双学位制度；等等。在学分制问题上，我们认为有两种倾向要防止，一是不能重犯过去照搬苏联的学分制，把学生管得过死的错误；二是不能全盘"欧美化"，不宜笼统地提"实现完全欧美学分制"。对大多数学生来说，重要的基础课不能免修，对"自由听课"不宜提倡，对提前毕业不宜过于强调。

"五级浮动记分制"。所谓"五级"，是把学生的考试成绩分优、良、中、合格、不合格五级。所谓"浮动"，是不按学生考卷的分数计分，而是按一定比例浮动："优"的学生只占10%—20%；"不合格"占0—10%；其中"良""中""合格"视具体情况确定适当的比例。我们先在物理学系和电子工程系进行试验，取得很好的效果，后已在全校各专业普遍实行。它的好处是：（1）有利于克服"分数贬值"，养成学生刻苦学习的学风；（2）有利于推动学生的学业在高层次上竞争，大家想进入10%—20%的"优"的行列，你追我赶，在学习上形成"争优"的活跃局面；（3）有利于优秀生的选拔。

"导师制"。这是我校对优秀生进行特殊培养的形式之一。1984年，我校制定《优秀生培养工作条例》，规定对选拔出来的优秀生由系主任指定教学经验丰富、学术造诣深、与优秀生专业方向大致对口并胜任指导的教师担任导师。全校二百多名优秀生，我们选派了二百名导师。导师提出自己指导优秀生的培养计划，帮助他们制定个人学习计划，平时对学生思想方法予以关心、指导，拓宽优秀生的知识视野，帮助优秀生提高能力，指导优秀生开展科学研究，取得很好效果。我们决定把"导师制"的做法进一步扩大，计划为全校一千名本科生配备"导师"，充分发挥教师在传授知识、培养能力、转变思想三方面的主导作用。

我当时在600号楼（原数学系）礼堂主持会议，由谢校长宣读指导教师名单，会场气氛热烈，教师以被选为指导教师为荣。在那经费不足、教师待遇不高的80年代，复旦大学教师以"太阳底下最光辉的职业"为荣，令人感动。他们造就了一代又一代新人，使他们成为国家的栋梁之材。

一位物理学系即将离校赴美攻读博士的学生说："我出生在工人家庭，父母亲不可能帮助我学习，我在学业上的任何一点进步都是老师给的。复旦大学给我最深刻的印象是老师太好了，他们呕心沥血，处处关心我的成长，而他们的生活却是清苦的，我常常为自己学习还不够刻苦而惭愧，我一定要把老师们的这种精神传承下去。"

教育家苏霍姆林斯基说过："对学校的领导首先是教育思想的领导。"

谢校长教育思想是多方面的，例如她说："一流大学既是教育中心，又是科研中心"；"一流大学应该具有国际化"；"办一流大学，要有一流的师资"；"办一流大学，要有第一流的校风和学风"……

在谢希德教育思想的指导下，复旦大学走在全国高校的前列，谢希德先生为复旦大学创办世界一流大学打下坚实基础。

（作者：强连庆，教授，曾任复旦大学副校长）

深切怀念谢希德先生
——为纪念谢先生诞辰100周年而作

虞丽生

我1955年毕业于北京大学物理系固体物理专门化的半导体物理方向，留校工作直到退休。虽然和复旦大学没有任何关系，但是我和谢希德先生还是有不少的交集。谢先生是我的老师辈，我钦佩她的治学精神和她的为人。

我和谢先生相识于1956年，当时国家十二年科技规划中提出要集中力量快速培养出一批半导体的技术骨干。由教育部主持，从北京大学、南京大学、复旦大学、厦门大学和吉林大学的三年级学生中选拔出两百多人，同一些教师集中到北京大学办一个五校联合的半导体专门化培训班。1956到1958年积累经验，之后各校回去自办半导体专业。教师的队伍就由各校派出，当时北京大学参加的教师有黄昆、黄永宝、陈志全、郭长志、虞丽生、李克诚、莫党、李淑娴和林绪伦。复旦大学派出的教师有谢希德、方俊鑫、阮刚、唐璞山、郑广桓、孙恒慧，等等，加上其他三个学校，共组成三十多人的教师队伍。黄昆先生和谢希德先生合作开设了半导体物理的课程，后来科学出版社将课程内容出版成书，在很长一段时间里就是各校标准的半导体物理教科书。谢先生还带着两个研究生王迅和屈逢源。当时我是助教，也常常和谢先生一起开会。我还兼任了苏联专家桑杜洛娃的翻译，桑杜洛娃是女性，她和谢希德交谈讨论的时候，常常是我做翻译，她们交谈很融洽。我知道了谢先生1952年回国，1956年时她的孩子还很小，她的母亲早已去世，父亲远在海外。为了工作，她把孩子留在上海，孩子就由她的先生曹天钦照管，自己来到北大和我们一样住在未名湖边单身女教师的宿舍里，她就住在我的楼下。她每天晚上备课，房间里的灯都亮到很晚。她给我的印象，是一个温和、宽容，言谈之间充满理性和智慧的人。

1958年"五校"联合半导体专门化结束以后，我和她没有太多的联系。1976年10月"四人帮"倒台了，经过两年的拨乱反正，教育界和科学界逐步复苏。1977年恢复高考，1978年国际交流也逐步恢复。1978年，谢希德先生向教育部申请派一个三人代表团参加1979年2月在美国加州召开的第六届半导体界面物理的学术会议（PCSI）。这是中国第一次派出代表参加在美国的半导体学术会议，教育部建议复旦大学去两个人，北京大学去一个人。谢希德先生就直接点名说北大要去就派虞丽生。这样，我就在一头雾水之下，直接被通知去办手续和准备出国开会。从1979年1月底到2月底整整一个月我都和谢先生在一起。由于我和王迅都是第一次去美国，英语几近是"哑巴英语"——只能看，听、说都不太灵。说的是所谓的"broken

▲ 与会者全体照片，前排左起第二人是谢希德，最后一排左起是王迅和虞丽生

深切怀念谢希德先生

◀ 1979年访美三人团,左起王迅、谢希德、虞丽生

◀ 会议午餐前和同行交谈,左起谢希德、虞丽生

English",就是那种往外蹦单词,句子不连贯的英语,所以就辛苦了谢先生。会议结束以后的访问都是谢先生早已安排和写信联系好了的,每一站都有她的朋友接送。她有一个小本子,上面写满了人名地址、电话号码。我看到她的箱子里有一半装的是冲服的中药,问她才知道她得了乳腺癌,虽然稳定了,但还在治疗之中。她说,我这次带你们出来学术交流,以后你们就可以自己带更年轻的同志出来,我们的科研就不会和世界脱节了。这让我十分感动。

在会上我们碰到了IBM的张立纲。张立纲曾随美国固体物理代表团来华访问过,和谢希德认识。还有贝尔实验室(Bell Labs)的崔琦,在与外国人的交流中,他在语言上帮了我和王迅不少忙。因为我是做半导体激光器

研究的,看过许多国外研究的文献,贝尔实验室是美国做半导体激光器最先进的。1978年的时候,我在一本杂志上看到一则广告,贝尔实验室的Casey和Panish写了一本新书 *Heterostructure Lasers*,1978年出版。这正是我十分想看的书,是关于半导体激光器的原理与工艺的第一本系统的书,对于我们的教学和科研一定会有很大的帮助。正好那天我在会上看见了Casey,我就问他,什么地方可以买到这本书。他大为吃惊,说你是怎么知道的?我说是在香港的一本杂志上看到的介绍,并且告诉他我们也在做半导体激光器。他说,我送你一本。我当然很高兴,谢了他。我们的日程里没有贝尔实验室,我又非常想去看看,所以就得寸进尺地试探着提出可不可以到贝尔实验室去参观一下。他说你们先填一个表,我们报去总部问一下。我马上向谢先生做了汇报,她说好啊,能去贝尔实验室看看当然好了。我们的表格交出去以后,第二天就来了回音:热烈欢迎。原因是贝尔实验室高层的几个大佬都是谢希德二十多年前在MIT(麻省理工学院)的同学。他们突然听到久违的老同学有了音信,异常兴奋,所以就安排了我们在2月底去访问。我们一路从美国的西部到东部一站一站地访问过去。在Palo Alto看了施乐(Xerox)公司的集成电路超净生产线,访问了Berkeley(加利福尼亚大学伯克利分校)沈元壤的实验室、李远哲的实验室和王适的半导体器件实验室。接着到了芝加哥的西北大学物理系,系主任是后来做了香港科技大学首任校长的吴家玮。随后去了伊利诺伊大学香槟分校,参观了萨支唐的实验室,我们非常感谢他对我们的访问做了很周到的安排。谢希德家和萨支唐家其实是世交,萨支唐的父亲萨本栋是中国物理学界的创始人之一。萨支唐本人也是半导体界的元老,对MOS器件的发展有重大贡献。1953年,肖克莱、巴丁和布拉坦三人发明了晶体管以后,肖克莱就到硅谷创业,带了8个学生成立了公司,萨支唐就是8个人中唯一的中国人。几经辗转,其余7个人都成了硅谷亿万富翁大老板,而萨支唐却回了学校做研究工作,和巴丁在一个学校。我们还参加了巴丁的家宴,与一些相关领域的教授聚餐。席间大家聊天,他们开玩笑地对萨支唐说,你要是不离开的话,早就是百万富翁了。巴丁年纪比较大了,家里很普通,不像我们所想象的两次诺贝尔奖获得者该过多么豪华的生活。他家里就是老两口,没有请帮工来照顾生活。他家院子里有很多积雪没有清扫,家宴结束后还是萨支唐的太太帮助巴丁夫人收拾和洗碗。

接着我们访问了纽约大学石溪分校杨振宁的研究所。然后又到新泽西的IBM参观了张立纲的MBE实验室，张立纲陪同我们多日，他开车送我们去参观了耶鲁大学和MIT。我只记得MIT校方在一间巨大的会议室里开了一个欢迎会，桌子圈成很长的一个长方形，来了很多人，欢迎校友谢希德回来访问。谢先生做了致辞，张立纲称赞谢先生讲话堪比外交家，不卑不亢，恰到好处。可惜我那时英文听力较差，没有全听懂。最后一站就是去贝尔实验室了。接待我们的主人就是Casey，而崔琦是协助他接待的。进门的时候，他们就说这是贝尔实验室第一次接待从中国来的人。同时在贝尔实验室做MBE比较出名的卓以和（A.Y.Cho）也来帮忙翻译。我如愿以偿地看了Panish的激光器的液相外延实验室，以及石墨舟的结构和测量系统。Panish已经知道了我也是做激光器的，而且读过他们许多论文，所以特别热情，早就准备好了那套我要的书籍送给我，两位作者在上面已经签好了名。我们还参观了崔琦的Hall效应测量装置（20年后崔琦获得了量子Hall效应方面的诺贝尔奖）。参观了一整天，到了晚上，谢先生的那些大佬朋友就在一个高档的酒店里请我们吃海鲜，兴致很高地和谢先生叙旧。一个月的访问结束了，连我都累得不行了，可是谢先生作为一个病人，每到一处都还要讲话、应酬、联络，她硬是撑下来了。

还有一件有趣的事。有一个老同学问谢先生，你当年不是说到英国去结婚吗？怎么一去不回了，二十多年了你还是那个husband吗？谢先生笑了，说"I did not change my husband"（因为50年代初麦卡锡主义开始泛滥，美国阻挠中国留学生回国，谢先生就用了迂回的办法去英国结婚，然后夫妻双双回国）。她的丈夫曹天钦是著名的生物学家，牛胰岛素的研究者，也是院士，他们感情极好。还有一个小插曲，当我们访美回到北京的那天早上，我们两个人在房间里，谢先生迫不及待地拨通了家里的电话，柔声细语地说："天钦啊，我回来啦。"我赶快跑出屋子说："啊，好甜蜜啊！"谢先生待人真诚，朋友很多，这一路都是别人招待我们吃住。谢先生说，这下给国家省钱了，在教育部领的经费还剩了很多。我非常感谢谢先生带我访美，开阔了眼界，看到了当时比较先进的技术，了解了发展的方向。这次访问让我深刻地认识到，要想把实验科技工作发展好，国家的工业基础是极其重要的。像美国那些实验室里很多精密的零部件、材料生长和测量设备等，他们一个电话就能买得到；而我们做实验工作，处处都要自己设计加工，这怎么能不落后呢！我带回来的那套书，全本复印了以后，组织人翻译并且出版了，对我们半导体激光器的同行们帮助很大。

还有一件事让我看到了谢先生对中国的半导体事业充满热情，以及尊重和顾全大局的处事方式和高度的政治敏感性。1984年8月在旧金山举办国际半导体物理会议。在这之前，我参加了意大利理论物理中心举办的第三世界半导体研讨会，7月份会议结束的时候，组委会从每个国家选一人代表理论物理中心ICTP去参加旧金山的国际半导体物理会议，他们从中国去的十个人中选中了我，所以我就留下来等着去美国开会。这期间，日本的Kamimura教授对我说，旧金山会议后他将接任国际半导体学会的主席。他对中国是相当友好的，他希望在任职的六年间能在中国开一次国际半导体物理会议，并由我来组织。我连忙说，我是一个小人物，没有这种能力，中国半导体界有两个权威：黄昆和谢希德，要做成这件事必须和他们谈。于是我答应在旧金山介绍他们见面。一到旧金山会议的酒店，我先碰到了谢先生，把情况一说，谢先生就说这是好事，我们不要错过，必须争取。我说，那么我们现在就去Kamimura的房间，他刚才给了我号码，他急切想和你们见面。但谢先生说，不行，必须等黄昆先生先见过他以后，我才能去见他。所有的具体工作没有问题，我都可以组织。第二天黄昆先生见过Kamimura以后，谢先生就把全部的组织和联络工作接了过去。虽然中间经过波折，但在1992年还是在中国开成了那届国际半导体物理会议。

还有一件事也让我印象深刻。就在这次旧金山的半导体会议上，谢先生仔细地看了资料，在参与国的名单上居然还有"中华民国"的字样。这就是"两个中国"的错误了。我们都没有发现，谢先生告诉我，这是大事，必须向组委会提出要求改正错误，而且必须由黄昆先生出面提出，你快去提醒他。这时开幕式刚刚开始，我快速地在会场的另一边找到了黄昆先生。黄先生马上到台前递了一张条子，并且和主席说了几句。台上接着就宣布纠正了错误。在这些原则问题上足可以看出谢先生对黄昆先生的尊重。她对晚辈和年轻人也非常随和，平易近人。她和别人谈话的时候，总是用一种换位思考的方式循循善诱，轻声细语，从不严厉于声色。记得有一次在杭州开一个半导体的学术会议，中间有半天休息，她说要去西湖玩，于是一大群年轻人呼拥着她一起去坐船。

  谢希德先生是我国半导体事业的奠基人之一。从她1952年回国到2000年去世，48年之间，她把时间、心血、精力都投入到了中国半导体事业的发展壮大，培养人才的教学和研究上面。无论是她身患癌症，还是她的爱人曹天钦从1988年到1995年瘫痪在床，都没有影响她的工作热情。只要她有空，每天都会去爱人床前说说话，不管他有没有知觉，能不能听见。我想起她那一声"天钦啊，我回来啦"不禁泪目。一个外表柔弱的女子，有一颗多么刚强的内心啊。老一辈科学家的爱国热忱和牺牲精神会被一代一代地传承下去，中国的半导体事业必将克服重重困难，迎来光明前途，走到世界的最前列。

（作者：虞丽生，北京大学物理学院教授）

纪念谢希德教授

王阳元

1956年,在周恩来总理的主持下,我国制定十二年科学发展规划,将半导体列为需重点加速发展的学科,采取了一系列有效的措施,首要的一条是培养人才。为此,北京大学、复旦大学、厦门大学、南京大学、吉林大学五所大学在北大联合举办半导体专业,成立了五校联合的半导体教研室,黄昆教授和谢希德教授分任教研室正、副主任,共同主持培养学生和开展科学研究工作。现在,这个班的学生都已是我国半导体领域内的学术带头人和骨干,我有幸成为这批学生中的一员。

我真正认识谢先生是在讲堂上。谢先生当年刚从美国归来,充满着活力和朝气。她当时与黄昆先生合作讲半导体物理。我从大学一年级开始就听黄先生讲课,黄先生清晰的物理概念和严密的逻辑推理深深地影响着我们这一代人的成长。谢先生首先讲的是半导体中载流子的输运理论,谢先生的讲课另有一种特色,娓娓道来,如一股山溪清泉,透彻明亮。谢先生对我们学子又亲切又热情,在课间休息时,不管我们有什么提问她都一一耐心作答,还不时启发我们去思考和提出问题。后来黄先生和谢先生的讲课讲稿整理后出版发行为《半导体物理》一书,是我国半导体学科的奠基之作,影响了几代学生的成长。谢先生在北京大学期间住在美丽的未名湖畔。课余时间在未名湖畔我多次与谢先生谈做人、做学问,谢先生对我国半导体学科建设的执挚追求和奉献精神,使人难忘。她的启迪使我心旷神怡,对我一生的事业追求都有重要影响。

虽然后来谢先生返回上海工作,但我们仍不断有所联系。她常常在百忙之中审阅我们的成果和论著,对我们取得的每一点进步都予以关注和鼓励。

例如，她对我们在70年代末80年代初就开始进行SOI/CMOS的研究工作表示赞赏，称我们是这个领域的Pioneers（先驱）。也正是由于她的提议，"多晶硅薄膜在集成电路中虽然应用已很广泛，但对它的原理却有很多人不了解，要把它的物理机理讲讲清楚"，我动手写了《多晶硅薄膜及其在集成电路中的应用》一书，这本书后来在同行中，特别是年轻的学者中起了一定的作用。

另一个与谢先生接触机会比较多的是在有关举办国际会议方面。为了促进国际合作与学术交流，我曾经先后倡议并促成集成电路领域三个系列的国际会议到中国来举办，包括ASIC设计（ASICON）、固态器件与集成电路技术（ICSICT）以及材料与器件的微分析会议。后者后来由复旦大学宗祥福教授主办了，而前两个会议谢先生和我一直都在参与，谢先生多次任大会主席，她还多次应邀在大会上作特邀报告。由于她的参与，会议增色不少。特别是1989年那一届ICSICT会议遇到了一些困难，谢先生毅然担任大会的Keynote Address（基调演说）报告，使大会得以顺利进展。这些会议至今已分别举办了多届，并在健康地发展着，相信随着我国微电子产业和科学技术的日益崛起，会议会越开越好，越开越大。

（作者：王阳元，中国科学院院士，北京大学教授。本文原载《追思·谢希德教授纪念文集》）

缅怀前辈谢希德先生

沈元壤

谢希德先生是世界著名的科学家、教育家，是20世纪中国最伟大的女性科学家之一。她与黄昆先生同是国内半导体物理的奠基人，是推动国内高等教育最得力的先驱者，更是首先将复旦大学推向世界知名之列的领导人。

我第一次见到谢先生是在1972年。当时美国总统尼克松访华，打开了中国多年来与美国隔绝的僵局。是年6月，我有幸参加了任之恭先生及林家翘先生率领的美籍华人学者访问团来华访问，在上海与谢先生见面，由此我得知谢先生的不凡经历。

谢先生一生多灾多难，多次病魔缠身。早年在困难情况下，仍能出色地完成学业。在美国麻省理工学院获得博士学位，又在工作两年后，排除万难回国献身服务。她不顾自己的一切，献尽心血为国家科学教育发展努力工作，为复旦大学努力拼搏，凸显出了她的伟人性格，令人钦佩之至。

在国外，谢先生是最著名的中国学术界大使。她任职复旦大学副校长/校长以后，多次出国访问，为学术界对外联系，为国内学生学者寻找深造机会，并邀请国外知名学者来华访问。她的亲和力极强，在美国认识了很多学术界知名人士，大家都认她是好朋友，愿意全心全意协助她让中国的科研发展更上一层楼。复旦大学在她的羽翼下，当然收获很大发展，在谢先生任校长期间，美国物理学界对中国大学还很陌生，知名的除了北京大学，就是复旦大学了（清华物理系尚未成立）。

在美国的大学里，经常有学者来交流访问，很多人将接待来宾视为苦事，但是大家对谢先生总是另眼看待，她的来访是特别受欢迎的，总是有很

缅怀前辈谢希德先生

▲ 谢希德先生来美国学术访问

多人抢着要接待她。这固然是因为她有惊人的魅力，更是因为她待人真实诚恳，让人感动。她在执掌复旦大学期间，诚邀各国学者来访，复旦大学的国际学者访问数目直线上升，而来访者，又多由谢先生亲自接待。当时校方接待来宾的条件不是很好，但是大家都还有宾至如归的感觉。这方面，我是感受最深的。每次来访，都蒙谢先生盛情招待。一次，我们在物理楼眺望后方空地，谢先生很高兴地指着前方说我们将扩展物理学系，在对面盖一座科学大楼，显出她对物理学系的特别关怀之心。1982年暑假，我经上海去黄山参加激光物理工作会议，谢先生在百忙中，坚持要专车陪同送我和章志鸣先生去黄山，顾切之心，至今让我觉得受之有愧。1980年8月27日，我很荣幸接受了谢先生授予的名誉教授职位，从此开始了我与复旦的紧密关系，延续至今。

2021年3月19日是谢先生百年诞辰，缅怀她艰难而又灿烂的一生，为国家为社会无私奉献，广交天下，为人不为己，她的高风亮节，将永远是大家心中可望而不可即的模范。

注：谢先生有显赫的学术家族谱，她在麻省理工学院（MIT）攻读博

士，师从 Philip Morse 及 William Allis 教授。论文是有关气相电子学方面的理论。Allis 是美国气相电子学的开拓者。Morse 则是著名的理论物理数学家，也是公认的运筹学鼻祖，他的博士论文也是关于气相电子学的理论方面，他的导师是 Karl Compton 教授，曾担任 MIT 校长十数年，是 Arthur Compton［因 Compton effect（康普顿效应）获得 1927 年诺贝尔奖］的父亲。谢先生取得博士学位后，留在 MIT，在 John Slater 教授的理论组工作两年。Slater 是固体物理理论奠基人之一，传说他已被内定为 1977 年与 Nevill Mott，John van Vleck 共享诺贝尔奖的，但不幸早了一年过世。谢先生后来从事半导体及表面物理理论的科研工作，想来应该是当年在 Slater 组时打下的基础。

（作者：沈元壤，美国加州大学伯克利分校荣休教授，美国艺术与科学院院士、美国国家科学院院士、中国科学院外籍院士）

怀念谢希德先生

王兆永

谢希德先生离开我们已有21年，每次我们复旦大学的老同事聚会时，都会想起这位受人尊敬的前辈。2021年3月19日是她的百岁诞辰，此时此刻，让我回忆起她生平的点点滴滴。

我在复旦大学物理学系读书的三年间，没有机会听她上的课。1956年我提前毕业留校任助教时，她正带了复旦大学物理学系的部分师生，去北京大学和黄昆先生共同主持了有五所大学参加的半导体物理班，为中国的半导体事业培养了最早的一批骨干，1958年秋她才回到复旦大学。我们平时交流不多。真正和谢先生接触较多是1981年我从斯坦福大学（Stanford University）结束访问回来，尤其是在1982年秋我被选为复旦大学物理学系主任之后，才开始和谢先生有比较频繁的接触。这时候谢先生已是复旦大学副校长，第二年（1983年）她出任复旦大学校长。1986年初，我的系主任任期届满，谢先生又要我去担任复旦大学科研处处长，于是我又主管了两年的科研处。1988年初，我应香港浸会学院（不久改名为香港浸会大学）邀请，前去任教。

应该说，谢先生担任复旦大学校长期间（1983—1988），是复旦大学这些年来在国内外声誉最盛隆的时期。这在很大程度上得之于她的经历和学术，但更得益于她为人处世的风格。她待人和善，聆听别人的声音，从不厉声训人，乐于帮助他人。她家住上海市区，按规定，学校为她提供专车接她上下班。但她却执意每天坐学校到市区接送教职员的大巴，和同事们一起上下班。她说这么安排让她可以多接触同事，也多了一个渠道了解校内的许多事情和问题。

那些年，不少教师学生申请去国外进修读学位，谢先生不知为多少人写了推荐信。当时电脑还不普遍，她自己用打字机一字字地打写。作为校长，她在复旦行政办公楼有校长办公室。同时她也长期兼任物理学系表面物理教研室主任，在物理楼也有一间办公室。中午她通常在物理楼的办公室吃家中带来的午饭，并稍作休息。

80年代初，李政道先生倡议CUSPEA（中美物理考试申请计划）。这是中美合办选拔中国物理学生去美国顶尖大学读博士学位的项目。每年暑期，美国方面出试卷，由中国各大学物理系三年级的部分学生参加这个考试，从中选拔出约100名学生；一年后，由国家公派，美方提供奖学金，进入美国最有名的大学读博士研究生。这个计划持续了十年之久，培养了上千名优秀的物理人才，CUSPEA影响很大，是谢先生十分关心的一个项目。

1983年上半年，在物理学系三年级下学期，在保证大班教学质量的前提下，我们选出有潜质的学生组成一个小班，请两位广受学生欢迎的中年教师孙鑫和苏汝铿给他们上电动力学和量子力学，兼顾其他的理论物理课程，全力加以辅导。在优质的学生和教师的共同努力下，在当年暑期的CUSPEA考试中，复旦大学学生取得了很好的成绩：在当年全国录取的109名学生中，成绩最好的12名学生中，复旦大学占了5名，其中包括第1名李兆平。谢先生对此十分高兴。

除了送学生出去读博士学位外，学校也安排了教育部下达的教师出国访问学者计划。此外，还有谢先生和杨振宁先生等学者另外商定的、选拔一批更高层次的教师外访计划。谢先生对这一批人选，与我们反复讨论落实，这些活动对提高教师的水平很有帮助。由于谢先生和许多外国学者保持密切的联系，复旦大学的国际交往在国内各高校中是非常活跃的。每年都有许多外国学者来我们系里访问和举办讲座，外事活动相当频繁。

记得有两次，李政道先生和夫人，沈元壤先生和夫人，分别到访复旦大学。每次谢先生都让我去和平饭店接他们，陪同去吴兴路谢先生寓所，出席她的家宴。在这种场合，都是谢先生的丈夫、中科院上海分院院长曹天钦先生亲自掌厨烧菜，气氛非常融洽，大家谈笑风生，完全是自家人老朋友的聚会，同时不忘谈到如何多多关心中国青年学者等话题。

上海物理学会是上海市科协下的一个学会。当时曾明确，上海物理学会在业务上挂靠在复旦大学物理学系。因此，前后两届理事长和秘书长都由复旦大学推荐而产生，他们分别是周同庆先生和周世勋先生，以及后来的卢鹤绂先生和周世勋先生。1983年初，卢先生任期将满，到了改选的时候。当时系里讨论后，我向谢先生请示。我们觉得，谢先生是下一届最合适的理事长人选。但谢先生说她已经是中国物理学会的副理事长，又是复旦大学校长，她不必再加这个头衔了。因此，我们和谢先生商定，提名担任了两届秘书长的周世勋先生作为理事长的人选，郑广垣先生作为秘书长的人选。这个方案也得到卢先生和周先生的赞同，最后由上海物理学会理事会选举产生。谢先生在这些问题上光明磊落，又听取大家的意见，使事情得到各方面支持而顺利完成。

1985年初，我参加教育部组团，去美国会见李政道先生，感谢他在CUSPEA计划中对我们的帮助和支持。每年100名左右的CUSPEA学生在申请去各位导师研究组的过程中，李先生都要花许多时间和精力来协调、安排、落实。在我们去纽约李政道先生家中拜访时，有幸见到另一位著名物理学家吴健雄先生也在座。李先生和吴先生都是哥伦比亚大学（Columbia University）的物理学教授，两家住得很近。他们二位都对物理学有杰出而重要的贡献。这次出访，我们还计划去看望在美国各地的CUSPEA学生。其中，到了芝加哥，谢先生特地让正在那里的她的儿子曹惟正，陪我去访问一些地方。谢先生对下属的体贴及巨细无遗的安排，想得很周到，令我十分感动。

我1988年去香港浸会大学任教。这次去香港工作，是循个人申请应聘的途径，其间得到复旦大学校方的许多支持。我在香港浸会任物理系主任，达八年之久。有一次，谢先生率领教育部一个代表团去香港拜会邵逸夫先生，感谢邵先生对内地各高校的慷慨资助（他在不少高校捐献了大楼）。那次，谢先生特地在我香港的家中，会见了在香港工作、生活的复旦大学物理学系校友。

我每次回上海，一定去看望谢先生。1993年回上海时，我还和谢先生一起从她家中去华东医院探望正在住院治疗的曹天钦先生和我们复旦大学物理学系的老系主任王福山先生。我最后一次看到谢先生是1998年我从美国回上海，当时已经有三年多没有见到谢先生了。谢先生因癌症复发正住在华东

◀ 1987年，我陪同李政道先生和夫人，参加谢希德先生的家宴。这是曹天钦先生用拍立得相机拍的照片

▲ 1988年冬，谢希德先生在我香港的家中会见复旦大学校友。当晚我们吃火锅，共进晚餐

医院，她那时比前几年消瘦了。

在我的脑海中经常浮现着这么一幅情景：在从校长办公室到物理楼的路上，谢先生在慢慢地行走着，思考着。因为在她年轻时患过严重的股关节结

核病，曾在石膏床上与此病魔斗争了四年之久，因此走路有点跛，很辛苦。她又查出患有癌症，动了手术。这些她都挺了过来，她又担任了如此繁重的行政工作。从1982到1992年，她是第十二、十三届中共中央委员（在全国各高校的校长中是难得有的），责任非常之重。这对于她瘦弱的身体是很大的负担和挑战，真是非常的不容易。为中国的文教事业，她鞠躬尽瘁地作出重大贡献！我们怀念谢希德先生，她永远是我敬爱的老师和榜样！

（作者：王兆永，曾任复旦大学物理学系系主任、教授）

先生远去　缅怀长存
——悼谢希德教授

杨福家

不管她是所长、校长，还是院士，人们对谢希德教授最亲切的称呼始终是"谢先生"。

谢希德先生1921年3月19日出生于福建省，早年随父亲谢玉铭教授在北京。谢玉铭先生当时在燕京大学任教，是颇有建树的物理学家，可以说，他在20年代取得的成果与诺贝尔奖擦肩而过。

1946年，谢希德先生毕业于厦门大学，次年进入美国史密斯学院，两年后获硕士学位，再过两年又获麻省理工学院物理学博士学位。麻省理工学院是世界上数一数二的高等学府，能在两年内获博士学位，足见她天赋之高。学成后，她即与英国生化学家、研究中国科技史最著名学者李约瑟的高足、英国剑桥大学博士学位获得者曹天钦先生在英国结成伉俪，并双双克服种种阻力回到新中国，报效祖国。

1956年，谢希德先生赴北京与黄昆教授一起，从编写中国第一本半导体教材起步，在相当困难的情况下开始培养我国半导体人才。可以说，今天活跃在我国半导体物理学界的学术带头人，几乎都是黄昆、谢希德、林兰英的学生，为中国在相当长的时间里自力更生地发展电子工业奠定了基础。他们是我国半导体事业的奠基人。

"经师易求，人师难得。"我与谢先生较多的接触开始于1978年，那年10月我们一起去德国参加核靶学术会议，又到法国去访问，回来后一起去参加全国科学大会。在会议期间，她报告了物理学新的前沿——表面物理学，

先生远去 缅怀长存

并开始组建以表面物理学为中心的复旦大学现代物理研究所,她就任所长,我是副所长之一。她是一名"始终不安于现状,不断开拓进取,能把握发展时机,及时开辟新领域"的优秀科学家。

1983年她出任复旦大学校长,我即接任现代物理所所长之职。4年后,在她的支持下,我兼任了中科院原子核所所长。同样在1983年,在谢先生身体较好时,在很长一段时间里,家住上海西部徐家汇的她,每天七点准时出门,与复旦大学的教职工一起乘学校的班车,花个把小时到校上班。当时,她已是中共中央委员。90年代初,她不顾行走不便,踏上破旧的楼梯,走过又长又暗的走道,亲临我家,劝我接受组织安排,进入复旦大学领导班子。一个小字辈的人,在她慈祥面容的感召下,深为她对下一辈人的关爱,对事业的关心,激动不已。

从1992年开始,我有幸每次与她共赴院士大会,直到1999年10月,虽然她已重病在身,但她不仅在华东医院打电话到各地,与院士们商量会议,而且还亲飞北京,坐在轮椅上来到会场。她为了合格的科学家能进入院士行列,真是费尽心血。我曾与一直追随她的秘书曹佩芳同志说:你可以写一本书来描述这一生动的过程。确实,她对年轻一代的成长所付出的劳动,给我们留下了最深刻的印象!今天,设在复旦大学的应用表面物理国家重点实验室是复旦大学年轻教授最集中的地方;在全国各地众多的中青年固体物理学家,在全世界的华人半导体专家,都缅怀着谢希德教授。可以让谢先生欣慰

▶ 深夜还在灯下备课的谢希德

◀ 杨福家在当年谢希德就读的美国史密斯学院的原住房留影

◀ 中国半导体物理的两位先驱者：黄昆院士与谢希德院士

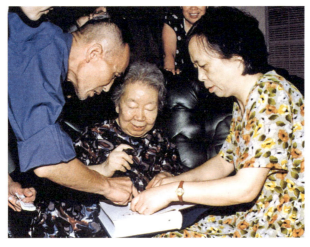

◀ 从常州慕名赶来聆听报告的85岁高龄的读者请谢希德院士在《中国科学院院士自述》上题词（1996，方鸿辉摄）

▲ 上海市科协荣誉委员（左起）：张香桐、李国豪、谢希德、王应睐、冯德培在科学会堂

▲ 1978年10月，在德国慕尼黑大学，前排中为谢希德，右为杨福家

的是，科教兴国已成为中国的一项基本战略；她毕生从事的半导体物理研究，桃李满天下，不管在美国的旧金山还是北京的中关村、上海的张江，各地的"硅谷"都有她的学生。她的专业已经推动了知识经济时代的到来。

谢先生虽离我们而去，但她对科学的追求，对事业的奉献，对复旦大学环境的营造，对年轻一代的栽培与关爱，永远铭记在我们心中。

（作者：杨福家，中国科学院院士，曾任复旦大学校长）

回忆谢希德先生

陶瑞宝

创 系 之 师

在复旦大学物理学系创立之初,有周同庆、王福山、卢鹤绂、王恒守等教授和比较年轻的谢希德、周世勋、华中一副教授和蔡祖泉老师等。

谢希德那时是年轻有为的"青年教授"。1958年起物理学系开始建立了半导体、光学和无线电电子学等专业,我有幸被分配在半导体专业。1959年前后她从北京与黄昆教授创办的全国半导体培训班带回了一些学习资料,为我们半导体专业的学生上课,她为我们的班级讲授"量子力学""半导体物理""固体物理"和"半导体理论",还有"半导体器件"等课程。当时许多课是边写讲义边上课,任务之重是很难想象的。谢先生课讲得非常之精彩,能够不看讲稿全黑板地写下来,理论功底之深,令我们心底无不佩服。

谢希德先生不断开创前沿的研究领域

谢先生不仅教学好,她也很了解学科发展的前沿。她花时间组建研究组。20世纪50年代,正是国际半导体发展非常重要的时期,她与北大的黄昆教授一起,在北京最早地发起了全国半导体培训班,集中了国内部分学校的学生及教师开设了半导体专业的培训,复旦大学也去了一批人,唐璞山老师和当时还是学生的王迅老师等也在北京专攻半导体研究。从这个培训班出来的学生和老师，很多人都成为我国建设和发展半导体事业的领军人物。我国的半导体行业就是这样在一无所有的基础上飞速发展起来的。

谢希德先生是我系整个半导体学科方向的领头人，她在发展学科方向时，很有全局观。她是理论物理学家，但一开始，就同时布局半导体工艺制造。她让唐璞山老师担任半导体工艺技术的负责人，从制造基本的半导体二极管、三极管开始，到大规模集成电路，一直到微电子系等的成立，都离不开谢先生的推动和领导。同时也输送了一批非常优秀的毕业生（例如她的在职研究生鲍敏杭、徐元华等）到这一领域，他们后来都成为微电子专业和学院的主力军。他们也是第一批（1978年）公派出国培训的教师。

1956年，国家提出"向科学进军"，形势大好，自动化、电子计算机、半导体等学科获得大发展，并纷纷从物理学科分出去。谢希德先生着力推进半导体研究，从我们物理学系五年制半导体专业的三年级学生中，挑选了一批优秀的学生提前毕业，来参与创建上海技术物理所，不少人都成为技术物理所的重要骨干，例如后来当选为中国科学院院士的沈学础先生。

在60年代的三年困难时期，在研究资源极其缺乏的情况下，谢希德先生已经开展能谱计算的研究了。她的几个研究生曾经也是我研究生时期的室友，其中，有薛舫时、陆奋等都是开展能谱计算的，很辛苦，手摇计算机轮不上时，薛舫时就用算盘计算。

谢希德先生对前沿比较敏锐，改革开放之初，对表面物理重视的只有理论所和复旦大学。复旦大学的特点是以基础研究为主，一旦发现应用了，就分出去。谢希德先生一开始做的是半导体基础研究，但她没有忽略应用，一旦应用开始发展了（比如做集成电路），她就容许它分出去。唐璞山、章倩苓、鲍敏杭、徐元华等就是从我们物理学系分出去的。

以前参加会议的机会不多，谢希德先生每年参加美国物理协会"3月会议"，我们都非常期待。她每次开会回来，都为我们教师报告会议上的新动向和当时最热门的前沿研究，还带来摘要（abstract），给我们分享最新的科学动向和世界上最新的研究进展。

回忆谢希德先生

谢希德先生重视培育人才

有一段经历我很感动，永远不会忘记。改革开放之初，谢先生重建队伍时，和我谈话，希望我转到她的研究组。我因为和周世勋先生长期相处，师恩难舍，就选择了继续留在周世勋组。我很忐忑谢先生会不会因此而不愉快，但她没有，依然很关心我。我第一批被评为博导，谢先生也是我的院士推荐人，她这种科学大家的风度，永远留记在我心中。这种气度对我如何为人影响也非常大，后来我管理复旦理论组时，都努力以宽容心去对待任何人。

在我们学生辈中，对谢先生了解最多的应该是蒋平。无论是读大学时，还是当老师时，他都与谢先生有紧密的合作，他是帮谢先生写《固体物理》书的。还有一个是鲍敏杭，他做理论研究，也是谢先生的在职研究生，谢先生很欣赏他，他是改革开放初被重点培养的，1978年被第一批公派出国。实验方面，在我们班同学中，徐元华（曾和我同宿舍）也是谢先生比较喜欢的。

王迅先生是谢希德先生的第一个研究生，跟她去北京开展半导体专门化学习。应用表面物理国家重点实验室对物理学系的发展举足轻重，王迅先生在其中发挥了重要作用。我曾经有幸在大五上学期结束的时候，被分配给王老师，他指导我的毕业论文，从事Si表面SiO_2的研究，很遗憾，约一周后，系里开始要发展理论物理专业方向，当时周世勋教授从苏联进修回校，这样我就从半导体被调到了理论物理，并于1960年夏大学毕业后成为周世勋教授的研究生，开始了难忘的、没有外界干扰的4年的全心学习和研究，给我打下了后来从事理论物理研究的基础。

改革开放一开始，谢先生非常迅速地带领物理学系克服10多年时间所带来的教学和研究上的困难，全系各个研究方向都进行了恢复和重组，在原来半导体研究的基础上，她高瞻远瞩地创建了应用表面物理国家重点实验室，使之成为当今物理学系的重要支柱。她还组织了自己的研究组，开展计算物理的前沿研究，陆栋、张开明、叶令等以及蒋平、徐至中等教授都是在

▲ 与谢希德先生合影

谢希德先生的指导下进行教学和科研，她培养了很多非常优秀的研究生，分布各地，在我们系，有资剑教授和杨中芹教授等等。

谢先生对物理学系各个学科的发展都非常关心，一视同仁，对我们理论物理的发展很关照，对孙鑫、苏汝铿、戴显熹和我本人都很关心。在改革开放的早期，每个专业方向都选派最优秀的教师参加我国第一批公派出国项目，进行长期学术访问，我们理论组孙鑫教授有幸被选中。

谢先生对学术开放和国际学术交流非常重视，在她担任校领导期间，是复旦大学国际交往最为活跃的时期。她对李政道先生举办的CUSPEA（中美物理考试申请计划）项目十分重视，当时她是学校领导，复旦大学能在CUSPEA项目中取得非常好的成绩，与她的重视和领导分不开。通过此项目，推动了我们教学质量的提高，也培养了一批教师。

谢希德先生无人可替代，人格难以复制，让人难以忘怀。

（作者：陶瑞宝，中国科学院院士，复旦大学物理学系教授）

谢希德先生幼年与燕京大学

杨威生　赵汝光

谢先生在《谢希德自述》中写道：

> 我幼年是在北京燕京大学的校园中度过的。父亲谢玉铭每天晚上都要在书房中工作到深夜，给我留下深刻印象，我也养成晚上一定要看书的习惯。经常听到父亲谈起物理系的几个高材生，例如孟昭英、张文裕、王承书等，特别是有几位诸如王承诗、王承书、王明贞、盛希音、洪晶等出色的女生，引起了我对物理的兴趣，树立了女性也可以学好物理的信念，决心以他们为榜样，勤奋读书，以加倍的努力，弥补天赋的不足。

燕京大学及她的父亲谢玉铭先生在谢先生的人生道路上有着重要意义。1997年燕大校友会在收集燕大附小的资料时委托我给谢希德先生写信咨询。我们非常高兴收到了谢先生详细的、热情洋溢的回信，谢先生写道：

> 1927年秋我从福建到北平，住入燕京大学东大地21号小楼。当时一句北京话也听不懂，父亲给我送入位于蒋家胡同的幼稚园。附小也在同一个四合院。我记不得门牌号，大约是路南的第一个门。读了半年幼儿园我感觉很无趣，当时语言障碍已无，自己就跑到了同一个院中的一年级。
>
> 心理系陆志韦先生的学生常来给我们测IQ。他们认为我和同班的陆志韦先生的长子陆卓如的IQ很高，要我们跳到三年级。大约仍在成

府蒋家胡同。何时办的你画的新校址，已记不清了。唯一记得的是小学六年级肯定是在你画的图中西房。两棵大白果树至今历历在目。

初一对我来说印象很深，也最难忘。来了很多高材生，其中有曹天钦……同班同学还记得不少……

初二转到了城内的贝满女中，告别了燕京附中。

赵汝光同志：

谢谢你的信。它又给我带回70年前的往事。1927年秋我从福建来到当时的北平，住入东大地21号的小楼。当时一句北京话也听不懂，父亲给我送入位于蒋家胡同的幼稚园。附小也在同一个四合院，我不记得门牌号，大约是路南的第一个门，读了半年幼儿园，我感到很无趣，当时语言障碍已无，我自己就跑到了同一个院中的一年级。当时的小学和幼稚园的校长是同一人：王素意博士。心理系陆志韦先生的学生们常来给我们测IQ。他们认为我和同班的陆志韦先生的长子陆卓如的IQ很高，要我们从一年级跳到三年级。大约仍在成府蒋家胡同。何时搬到你画的新校址，已记不清了。唯一记得的是小学六年级时肯定是在你画的图中的西房。老师是谁，记不清了。两棵大白果树至今仍历历在目。初中一对我印象很深，也最难忘。来了许多高材生，其中有曹天钦。班主任的名字已不记得，但我们叫他"洋耗子"，显然不受我们欢迎，因为他偏袒另一个女生。当然他是赵杨。同班同学记得还很不少，你可去访问：1. 张乃京，2. 张乃岬（燕京38学号，协和内科名医），3. 张乃嵘（燕京38学号，原在中国民航总局工作，是起义人员，已退休）前二人是双胞胎，三人是弟兄，号称张氏三乃，他们的长兄也是燕京毕业，是解放军少将张乃更。4. 陆卓如（现在美国Yale）5.马佩伦（女）清华原体育教授马约翰之女，丈夫是老体育健将车作云。6. 王如英（女）7. 刘煜芬（女）洋耗子的"女友"。8. 曹天钦（已故）9. 曹建锋（曹天钦的三哥，已故）10. 臧铭，无联系。11. 马永海（大约在美国）12. 谭振飞 13. 邓楠 和她的弟弟（14）15. 张淑秀（女）16. 许景衡（燕京38级化学系）大约在北京，还有几个记不清了。

印象最深的英文老师是燕京教育系的薛正（女），她后来是上海市三女中（解放前的中西）的校长。生物老师是管玉珊，他当时是化学系的学生，父亲是我在贝满女中时的校长。管玉珊退休前在北大图书馆工作，多年未见。叶笃纯曾和他共事，会知道他的情况。我在初二就转到城内的贝满女中，告别了燕京附中。管先生对我们很清楚。

当时比我高一班的还有黄伍琼（名医吴蔚然的夫人）她初中毕业后也到贝满。在我离开附中后，侯仁之先生也到附中教课，深受学生的敬佩和欢迎。他和曹天钦就是那时种下的师生友谊，一直延续了几十年。我们操场不大，课外活动除跳绳外似乎没有太多其他活动。冬天溜冰，看大学生们的球赛，可能就是我们的课外消遣了。

当时的同学还有李荣芳先生的子女：李维睿、李维勤（唱茶花女的男中音）李xx，xx、赵紫晨先生的儿子：景心，景德（在美国）、景伦，你可通过他们的姐姐罗菽教授了解景心和景伦的情况。景心比我高两班。北京医院的马启尾教授也是附中的校友，马约翰之子，比我高一班，他的姐姐和哥哥都已故。其实有不少人比我早。陆志韦的其他子女想你也都知道。可向他们了解。能是否和曹如宾同班？

拉杂写了许多，希望对你们有点用。匆匆问你和扬成生好。

谢希德
1997, 10, 25

▲ 1997年，谢希德先生给燕京大学校友会的回信

在燕京附中与曹天钦相识影响了谢先生的一生。谢先生在《谢希德自述》中写道：

> 我们从初一时即相识，多少年来，他一向对我无微不至地照顾，对我的工作给予热情的支持。我之所以能做出一点成绩，都有他的一份功劳。当我由于股关节结核，卧病在床时，是他的信给予我无限温暖和鼓励，使我能满怀信心克服病痛。在我们成长道路上最关键的时刻是他做出了正确的抉择。回忆在1951年，当我俩相继在英国和美国获得博士学位后，由于当时美国政府阻止学理工科的中国留学生和学者返回新中国。他放弃了原来去美国工作一段时间再回国的念头，坚决要我去英国结婚后立即回国。我从美国到英国，在争取签证上也遇到了一些困难，后在友人李约瑟博士的帮助下，终于成行。我们于1952年9月底在'五星红旗迎风飘扬'的歌声中踏上了我国的国土深圳，10月1日回到解放后的新上海。
>
> 我们在1956年同一天，被各自的支部通过接受为中国共产党党员，从此我们不仅是夫妻，而且是同志。1980年11月，我们又同时当选为中国科学院学部委员。然而不幸的是，从1987年8月底起，他却一病不起了，而且每况愈下。这个无情的打击带给我的痛苦不是任何文字或语言所能表达的。现在我听不到他的声音，只能从他默默的眼神中体会到他对我的鼓励。我是唯物主义者，但有时也希望在医学上出现奇迹，使他的思维又会活跃起来，丰富的词从口中再次发出。我怀着这个信念，在人生旅途中继续向前。

2020年徐泓在《燕东园学人往事（燕京大学时期）》(《燕大校友通讯》86期) 一文中写道：

> 赵景伦（赵紫宸先生之子）的文章中还提到：住在燕东园桥西42号的谢宅，进东大地大门上坡第一家是谢玉铭家。女儿谢希德后来是复旦大学校长。我曾跟哈佛老同学复旦美国研究中心主任倪世雄一道去看望住院的希德。那天正好停电。勉强爬上十层楼。希德精神不错。谈的

▲ 东大地21号,1927年,谢玉铭住宅

▲ 蒋家胡同附属学校,1926—1931年

谢希德先生幼年与燕京大学

▲ 附属学校，红字为谢先生标的她上过的教室

▲ 东大地42号，1926年，1934—1937年谢玉铭先生住宅

◀ 1937年，左二为谢玉铭，右二为谢希德（图片来自网络）

◀ 1990年左右，谢希德（右二）、叶道纯（右一）等在蒋家胡同（谢先生上小学时院子的门外）（图片来自网络）

都是东大地旧事。她的病房门口摆满了江泽民等送的花篮。她的先生曹天钦原住蒋家胡同，是化学家。早已过世。

1921年出生的女儿谢希德，在燕东园42号度过了欢乐的少年时代。据胡路犀回忆，1990年代，古稀之年的谢希德与幼时的玩伴徐元约等人曾到燕东园旧地重游。可惜那时她家的小楼和院子已经被改建成北大附小的一部分了。

谢希德先生幼年与燕京大学

1979年，在美国华盛顿看望原燕京大学教授夏仁德教授（Sailer），一排右一为谢希德，中为夏仁德，左为虞丽生（照片提供者）

1983年参加国际表面结构会议（ICSOS），一排右一为谢希德，后排中为杨威生

谢先生一直怀念着燕京大学，1979年在去美国参加国际半导体学术会议期间，她去华盛顿的养老院看望了原燕京大学的夏仁德教授（R. C. Sailer）。

1997年由我致信谢先生请教有关燕大附属学校的历史，原因有二：一是我于1946—1952年曾就读于燕大附小、附中；二是我的先生杨威生与谢先生较熟悉。

杨威生于1978年年底得到了第一批赴美做访问学者的机会。由于自1959年大学毕业后一直在教学编制，没有参加科研的机会，没有研究方向，他就选择了当时北大物理系没有的表面物理中的表面结构为进修方向。1981年归国后，在没有实验室、没有仪器的情况下，他只能靠分析整理在国外积累的实验结果,利用学校的计算机和带回来的一台内存64K的苹果Ⅱ做些计算、发表文章。到了1983年,由于缺乏实验数据,他希望能有机会做些实验,就联系了美国相关的实验室,提出了利用参加表面物理国际会议的机会进行顺访,已得到对方的同意与资助,但到了出发的前几天,教育部都一直没有批下来。作为出国代表团团长的谢希德先生到京后,知道了此事,立即给予了真诚的帮助。在代表团去教育部办手续的那一天,已经60多岁、走路又不方便的谢先生不断地上下楼(那个年代,办公楼没有电梯),亲自到各个楼层的相关办公室找负责人说明情况,要求立即办理,想不到真办成了,这使北大物理系的表面物理研究工作得以发展。后来,在学科发展、职称评定中,我们都得到了谢先生的支持和帮助。

谢希德先生是中国半导体物理和表面物理这两方面科学研究的主要倡导者和组织者之一,她在国内推动半导体物理和表面科学的研究,促进了这两个领域中我国国际地位的提高。

(作者:杨威生、赵汝光,北京大学物理学院教授)

纪念谢希德先生

李名复

谢希德先生不仅是我的恩师,更是我毕生最敬佩的中国科学家之一。她对中国半导体事业发展的丰功伟绩众所周知,我不再重述。我仅从个人与她交往的60余年回忆中,记述一些我的点滴记忆、体会、反思以及期望,肺腑之言与大家共勉。

我个人深深感受到在国际科学界对谢先生的崇高评价

谢先生与国际科学界有非常广泛的联系。国际科学家对谢先生有很高评价和尊重。

我在伊利诺伊大学厄巴纳-香槟分校(University of Illinois at Urbana-Champaign)留学期间,有幸结识该校John Bardeen教授。他因发明晶体管和建立BCS超导理论而两次荣获诺贝尔物理学奖。这样一位德高望重的科学家对谢先生的评价是:"谢希德是当代中国科学发展中影响力最大的一个科学家。"

我在加利福尼亚大学伯克利分校(University of California at Berkeley)工作时,该校材料科学系教授、美国工程科学院院士Eugen Haller教授向我表示了对谢希德教授的仰慕,并郑重托我设法让他与谢先生约见相谈。这看似一件小事,但我印象极为深刻,至今记忆犹新。这说明许多国际顶级科学家对谢先生的尊重与仰慕。

谢先生对我的身教和影响，以及我的反思

我是复旦大学培养的半导体专业第一届大学生之一。在毕业前的一年多时间里，谢先生亲自指导我和蒋平、鲍敏杭三个学生做半导体输运的理论研究。所以她是我从事半导体研究的启蒙老师，为我开启了往后半导体研究的道路。我毕业后被分配到科学院在北京刚成立两年的中国科技大学物理系，成为中科大半导体专业的第一个全职青年教师后，与谢先生的业务联系就不多了。但谢先生对我的成长始终十分关心，我每次回上海也必去看望她。

令我钦佩的是，不管谢先生身处逆境还是顺境，我每次去看望她时，我永远看到的是一位温和慈祥又充满信心的老太太，从无怨言，永远对中国的科学和教育事业鞠躬尽瘁。在她最后几年癌症复发躺在医院病床上，我去看望她时，她仍在工作。在我看来，谢先生担任复旦大学校长的时期，是复旦大学历史上最光辉的时期，复旦更被国际的科学家喻为"中国的哈佛"。

谢先生这样伟大的精神，坚强的毅力，对中国科学和教育作出的杰出贡献，我深为感动，她对我的一生产生巨大影响。我反思自己，在相当长一段时间没有在国内工作，但我每次回国去看望谢先生时，她仍对我十分热情和宽容。这种热情和宽容，以及她自己以身作则的伟大精神，其实对我是一种莫大的鞭策。我常常想，应该如何向她多多学习，多为中国的半导体科学发展作贡献。和谢先生相比，我实在太渺小、太惭愧。

当前纪念谢希德先生，我所理解的重要意义和期望

经过四十多年改革开放，中国的半导体工作者更迎来了无比艰巨而光荣的重任：建立一个世界一流的，一方面与国际科学家能有广泛的交流，但另一方面能独立自主不受制于人的完整的半导体教育与芯片工业产业生产链，是中国立于不败之地的当务之急。而关键是建立一支世界一流的半导体人才

纪念谢希德先生

队伍。我期盼，通过纪念谢希德先生的活动，来激励所有具有中华根的半导体工作者，不管身在国内或者海外，都能以谢先生的精神为榜样，为这个光荣的历史使命作出自己力所能及的最大贡献。这恐怕是纪念谢先生这样的先辈所能作出的最好的一种回应。我更期盼，在谢希德先生精神的照耀下，在中国大地上哺育出一大批在科学技术上有国际一流水平，具有国际视野，又能脚踏实地、坚韧不拔、排除万难的青年科学技术工作者，共同为中华民族的伟大复兴作出贡献。

谢希德先生留给我们的精神永垂不朽！

（作者：李名复，曾为中国科技大学研究生院物理部、国立新加坡大学电机与计算机工程系教授，复旦大学微电子系教授）

忆恩师谢希德先生

戴道宣

值此谢希德先生百年诞辰之际,往事历历在目。

还记得1958年10月党总支书记钱孝衡召见我等5人,希望提前毕业做上海市技术物理研究所见习研究员(当时谢先生兼任该所所长)。我们均表示同意,随即办手续并预领了一个半月工资便赴京参加全国半导体学习班,我与张学忠学晶体管制造,另二人学材料,一人学晶体管电路。一个多月后我们即返校到当时的校办红旗半导体工厂工作。不久我们就用工厂制造的晶体管、二极管组装成6管半导体收音机向党献礼,此乃上海第一台收音机。

进所后,谢先生对我们一批(已不只去北京的5人)技物所人员十分关心,要求随班学完四大力学,并要参与考试。后来,我又被总支从所里调回至系半导体教研组任助教,就一直在谢先生关心下进行教科活动。她对我们的外文学习很重视,记得曾亲自点名要我做"杂质掩蔽扩散"的英语文献报告,把我逼上梁山,但对我提升英文阅读水平帮助很大。60年代,学校、系里都很重视青年教师的英语学习,经考试后,鲍敏杭和我两人被分到高级班,由外文系资深老教授用原版教材授课,记得第一课的内容是"皇帝的新衣服",我们受益匪浅。后来谢先生组织翻译汉耐的《半导体》一书,我也主动请缨并获准参与"有机半导体"一章的翻译,此书后由市科技出版社出版。

德高望重的谢先生很高兴地去北京参加党的十一大,开幕前还发了首日封(原件已交校档案室收藏,复印件见图)给我和党小组同志,称:"我被推上和能力很不相称的位置,惶恐异常。"既表现了她强烈的组织性,又显示出她极其谦虚的心态。

忆恩师谢希德先生

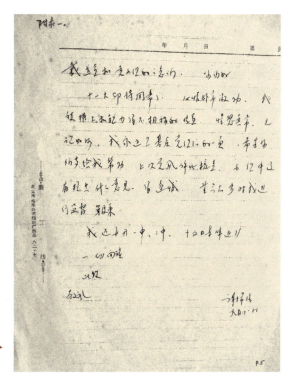

谢先生写给我和党小组的信的复印件

说实在的,当时实验室不足10人,研究界面仪器也仅有C-V和椭圆测试仪凑合,研究表面的设备基本上没有,只有刚买回来的超高真空机组。

初 战 告 捷

谢先生给我一份国外资料,要我研制功函数测试仪,我请金林参加,很快就研制成功,填补了国内的一个空白。我们撰写的论文发表于1982年《物理》上,当时硕士生倪庆霄用它完成了硕士论文并发表于《真空科学与技术》上,继而又与吴晓光研究成WF-1型功函数测试仪。

由于实验室表面仪器极度匮乏,我便与同事到金山石化厂用进口的ES200型x电子谱仪和到上海计量局用PHI500俄歇电子谱仪合作做半导体界面分析研究,并发表了三篇论文,分别发表在《物理学报》和《金属学报》上。为在国内普及表面物理知识,复旦大学在校举办全国表面物理培训班,

113

谢先生指定我在会上介绍俄歇电子谱。

在谢先生的奔波和多次努力下，1983年，国家资助几十万美元用于引进英国VG公司的两台多功能X光电子谱仪。真是久旱逢甘雨，我们轮流夜以继日地在谱仪上做课题，使机器得到充分利用。我也天马行空，独自一人选课题、做实验、写论文，以第一作者身份在《物理学报》《半导体学报》之类谢先生认可的高质量学术杂志上发表论文。后来由于逐步掌握了制备清洁表面的方法，我抓紧做了名副其实的表面研究，如InP清洁表面的氧吸附、Si清洁表面低温下吸附水汽以及Si（111）解理石俄歇谱的退卷积研究表面电子态的研究工作。在80年代中期，我是教研室内乃至系内发表论文最多的。

攻 坚 克 难

此后，我主动请缨去研究几年来一直未突破的反光电子谱仪的研制。由我负责，组内兵强马壮，经费无愁，我在巨大压力下，团结大家从头开始，放手大干。从自制真空室开始，接着抽真空花了月余，才抽到超高真空5×10^{-7}Pa。第二步是自制光子探测器这一"心脏"部件，看似简单的气体计数器一直不顺手，日本学者答应送我们一只也如泥牛入海。转机来自瑞士P. O. Nelson的到访，根据他的建议我们立刻查找资料，继续改进我的设计，1989年4月一举成功。接着我们采用法国的低能电子枪作电子源，仪器的信背比明显提高。我们当即抓紧做接口电路并用微机Apple-2自动录谱，终于在Si（100）2×1清洁表面上探测到第一份有研究价值的高质量反光电子谱，而这标志着我们两年多的努力终成正果。我立刻着手查国外文献，整理数据，可喜的是我们的实验结果竟与德国学者P. Krügger已发表的理论计算相符。更令人欣慰的是，在国际上这是首次测量一个反键空电子态峰D_i^*。我就用英文撰写论文，请谢先生审阅。她对我的中式英语逐字逐句进行详细修改，并加了两条眉批：(1)尽量用短句；(2)尽量用被动时态。在她建议下我于1988年投稿国内 Chinese Physics Letters（《中国物理快报》），次年2月这篇论文就发表了。

1988年诺贝尔奖获得者美国-苏黎世实验室H. Rohrer博士来校演讲《扫描隧道显微镜》，谢先生有意安排我接待他们夫妇。

再战总电流谱

"反光电子谱仪"研制的成功，在分辨率和灵敏度上都达到当时同类谱仪的先进水平，从而又一次填补了国内的空白。1989年，丹麦P. J. Moller教授来访介绍总电子谱，谢先生要我进行研制以增加表面分析手段。我们用自制的WF-1功函数测试仪，配上低能电子枪做电子源，很快就取得成功。这样，总电流谱仪的研制成功是我们第三次填补国内的空白，组内同志倍感欣慰。

征战ICTP

1988年8月底，由谢先生推荐，我受联合国教科文资助去意大利国际理论物理中心（ICTP）报到后，便前往卡梅里诺大学（Camerino University）做合作研究。其间，为参加国际表面物理第七届会议，我和P. Krugger通讯，用他提供的相关资料，对原来反光电子谱论文进行修改补充后，把论文摘要寄给三位权威人士，终获准于1989年9月参加这次在德国科隆举行的第七届国际表面和固体物理学术会议（IVC-11/ICSS-7）。报告当日，我与分会场几位专家共进早餐和叙谈后，在有几百人参加的分组会上，我第一次代表中国报告在清洁表面上研究电子态的最终实验结果。由于是在自制高性能谱仪上做出探测结果，我的报告受到与会者的关注，也为祖国和母校争了光。会议前后我还先后到瑞士苏黎世大学、法国巴黎大学、德国基尔大学以及丹麦哥本哈根大学进行访问和学术交流，后又受聘于卡梅里诺大学和Franscatti的材料研究所。

1990年回国前，我把出国前夕用英文写的交领导提意见被搁置的关于光电子谱的论文，投到 *Phys. Rev. B*，想不到未经修改就于1991年被发表，这是我万万想不到的，也增加了我在国际核心杂志上发表论文的信心。回国后，由于不锈钢真空室被磁化，反光电子谱无法进行，加之实验室研究方向转向实用，我不得不遗憾地离开表面室去系内近代物理实验室做教学工作了。

近半个世纪以来我在教科征程中所取得的点滴进步与谢先生长期指导、关心和培养是分不开的，这些反映了谢先生为复旦大学育人鞠躬尽瘁的一个侧面。最后再一次向爱国爱党爱校的谢希德先生深表敬意！

（作者：戴道宣，复旦大学物理学系教授）

温馨的回忆

甘子钊

谢先生离开我们21年了，2021年3月19日是谢先生百岁诞辰，每当想起她时，心里的感觉就是满满的温馨。

她是一位深切关怀学生和同事的好教师

我大学本科不是学半导体专业的，谢先生在北京大学任教时我没听过她的课，我与她也没有过任何交往；60年代初，我当黄昆先生的研究生时，才开始与谢先生认识交往。我那时患较重的强直性脊柱炎，朋友们根据我的体型，给我一个形象的绰号"β"；每次谢先生来北大见到时，都会小声地问我："你的'β'怎样啦？不要大意啊！"有时还会告诉我一些她听到的治疗方子。那时黄先生的教学秘书韩汝琦同志，患有较重的哮喘病，谢先生一见到他也总要问他的病情，劝他要想法根治，不能老用喷雾器。这让我俩都有一种见到家里长辈的感觉。到80年代，我和谢先生见面的机会比以前多了。谢先生那时已经是非常非常忙的一个领导干部了，我也是40多岁的中年人了，但是她也总是关心我的"β"，见面时总不时地提醒，要我不要大意，要注意维持体型；还是像一个长辈对子弟似的对我关怀备至。

80年代李政道先生搞了个CUSPEA（中美物理考试申请计划）项目，通过公派方式送出去了几百个留学生。我当时也常常帮着李先生处理一些有关的事务，但是谢先生是最最关心这些学生的人了。每次聊起这些人时，她对许多出国留学生的具体情况，特别是有些做出较好成果的同学的具体情况，包括姓名、学业、生活、身体，甚至有没有异性朋友，比我都了解得具体多了，说起来如数家珍，其中多数人也不是从复旦出去的。这常常使我感到她真像个家族中的老祖母，与她当时是一个中国最大城市的主要党政领导之一的身份显得不大协调。

我记得有一次，我和谢先生聊起平时她很不愿意谈论的问题——"文化大革命"中她受到冤屈的荒唐往事时，她痛苦地说："唉！也怪我没有老曹（指曹天钦院士，谢先生的爱人）的坚强，那时老曹和我都被隔离了，看管我的人又告诉我家里的保姆也被赶回乡了，我就想我儿子，十二三岁的孩子，他吃什么？怎样过活？我就闭眼认了，以为表现好能放出去照顾儿子……没想到反而是我更不能'解放'，拖了好久好久，受了更多的罪。一个女人，一个母亲真难啊！"和她聊完后我想了很久，也想过多次，我觉得我逐渐理解了：谢先生是一位博学多才的科学家；是一位有强烈社会责任感，而且相当"世事洞明，人情练达"的学者；还是一位优秀的党的干部；但是从实质上说，她更是一位具有中华民族优秀文化传统的妇女，一位好妻子、好母亲，她把一个好母亲的温情给了家人，也给了她的学生和同事。所以，不管她正在做什么，还是曾经做过什么，她首先是一位好教师，一位既诲人不倦又全面关怀的教师。

她是推动我国表面物理研究的开拓者

50年代末和60年代初，正是粒子物理的标准模型建立的时期，我那时正在黄昆先生处做研究生，像当时许多学物理的青年人一样，我总觉得粒子物理是物理的"正统"，就常常阅读场论和粒子物理的文献。细心的谢先生注意到这点，有一次她在闲谈中和我说，粒子物理现在有很大发展，但是固体物理也要发展，固体物理有时比粒子物理更难呢！她说，固体物理有许许多多实验事实，有许许多多可以做的实验，比高能物理的实验积累多多啦！我知道谢先生在40年代后期就师从Slater在MIT（麻省理工学院）做固体能带计算，她是深刻体会Slater从20年代开始一直坚持对原子、分子、固体做量子力学计算的"初心"的。我那时就理解了她对我的教导的良苦用心。

80年代初,谢先生用很大的精力,推动我国表面物理的研究。我多次看到她在从事种种活动时,书包里装着表面物理的文献复印本,活动中间有空隙时就拿出来阅读;也多次听她对我解释一些新的表面物理实验手段、仪器和计算方法。作为一位固体物理学家,谢先生非常深刻地理解,从量子力学的理论和图像来认识固体物理现象的基础性、重要性和迫切性。全力地推动固体物理新的计算方法和新的实验手段就是她的初心。老一辈学者就是这样对待"学科"的!

科学属于全人类,但科学家有祖国

我随从谢先生参加过两届美国物理学会的"3月会议";陪同谢先生参加过很多次和美籍华裔学者、港澳台学者的活动。谢先生对这些活动是非常用心用力的,事先她都做了非常细致的准备,活动中她是最费力气的,常常累得筋疲力尽。她和许多外国朋友、华裔朋友、港澳台朋友都有着很深的友谊。她尽力为他们办各种事务,不避烦繁,而且十分细致周到;其中有不少朋友,不论是年龄层次或学术辈分都比她低得多。这让当事人和我们这些旁观者都很感动。

记得有一次我向谢先生汇报,在美国一次会上,苏联的一位诺贝尔奖获得者受到与会者的欢迎崇敬。那位学者在会上很霸气地说:"以前在俄国时,我总觉得你们美国人,用很多钱去做一些没有什么意义的事。这次我为了挣点钱来你们这里打工,更加强了这种感觉。"与会者对他的说法,却报以热烈的掌声。谢先生听后,有点怅然地对我说:"唉!他(指那位俄国学者)是'有货'啊!我们现在还是需要他们(指美国科学界)的帮助,要向他们学。我这代人做不到,看来你们这代也可能做不到,可下一代一定会做到:科学上比俄国强!也会比美国强!会受到他们更多的尊重的。"谢先生的这次谈话让我想了很久,为了祖国,她心里有"苦"啊!对谢先生这样老一辈学者来说,热爱科学和热爱祖国是没有矛盾的,因为对她来说,对"科学"和"祖国"是"热爱",是"责任",是"献身",可就是"无我"。

日子过得太快了，我现在比谢先生过世时的年龄还多两年。作为她的学生和忘年朋友，在回忆她时，除了感到满满的温馨外，就是想说，她的一生也够"苦"够"难"的，可是过得值得，过得美好！

（作者：甘子钊，中国科学院院士，北京大学物理学院教授）

伟大事业基于伟大的爱

——纪念谢希德先生百岁诞辰

戴显熹

笔者从抗日期间的一位农村放羊娃到后来成长为一位教师和科学工作者，身蒙许许多多人的恩德和关怀，确实感恩不尽。谢先生虽与我不完全同专业，但她对我的恩典，却是说来话长，可见她对我国科学事业影响之广。

有幸听过谢希德先生的固体物理课和担任过她讲授的量子力学课的辅导老师。虽然前者只有两个星期，她就赴北京从事重要工作了，后者也只是一个学期，但她对教学工作的认真负责和对内容的娴熟是有口皆碑的。她有很高的声誉，为我国的半导体事业作出了重大贡献。我很尊敬她，但从来没有主动与她交谈过。

记得非常偶然，在70年代中的一天，我在物理楼门口值班。谢先生谈起她听了铜管交响乐沙家浜演出的广播，非常喜欢沙家浜里的主旋律。她对音乐有如此爱好和修养，令我很惊喜。上海铜管乐团联合上海业余合唱团组织了这次演出，在文化广场演出14场，并有电视台广播。我有幸参加该合唱团高音组。这次交谈使我觉得她非常和蔼可亲。

现在出国访问，显然是轻而易举的事。但在1979年，出国访问对于平民百姓，却是很难想象的。

大约在1979年，我有机会听超导专家朱经武教授关于探索高温超导体的演讲。我建议对于同位素效应异常的材料做研究，特别是锆和铀的同位素效应指数分别为零和负二，这说明在电声子机制之外，还存在其他的超导机制。朱教授非常兴奋，说："这是一个好主意，你可以出主意，我们来做实验。"

我写给谢先生的信中,提到朱教授在北京讲学的盛况。在朱教授应邀到复旦大学讲学的会后,他希望我将我的 Publication List(著作列表)给他,我没有准备,说我回家后给他。中午我匆忙地写了目录。幸好负责接待的蔡一鸣老师下午送朱先生上飞机,蔡老师同意将我的论文目录带给朱先生。

不久我收到朱先生的来信,说他的大学里的一位教授邀请我去美国访问一年。因为当时觉得这事不可思议,不知如何回信,所以一直搁置着。偶然在回家的路上见到夏道行教授,我说我接到一封邀请信,不知如何回信。他建议我去找苏步青先生。

我抱着好奇和试试看的心理,到了复旦大学第九宿舍苏先生的房门前,绕了三圈,不敢进去。正好苏先生出来问:"戴显熹,你有事找我?"我愣了一下,苏先生怎么叫得出我的姓名。于是我就说有封邀请信请他看一看,不知如何回信。苏先生看了信,说:"这事需要一级一级报上来!"后来通过钱孝衡总支书记,按要求说明经过、上报。之后我就忘了这事。

一天在校门口偶遇苏先生,他说:"恭喜你啊,戴显熹!"我说:"我有什么喜事啊?"他说:"你被批准了!"我随口问道:"你怎么知道的?"苏先生回答说:"我批的,我怎么不知道!"

后来谢先生找我谈话,告诉我如何回信。她指出邀请信之外,更重要的是邀请方要寄来 IAP-66 表格,这是申请签证的正式的文件。之后,我完成了所有申报手续。

可是,几个月过去,一直没有音信。

有一天在物理楼楼梯口,谢先生叫住我:"戴显熹,美国邀请方来催了,你怎么现在还没有去啊?"我笑着说"你没叫我去,我怎么去啊?"她非常严肃地说,"你立即到组织处去找朱明远,说我请他立即打长途到北京,催一下"。组织处立即通知我第二天去北京报到。经过几天办手续学习后,我返回上海准备,再从北京启程。经卡拉奇、德黑兰到巴黎停一天,转机跨大西洋,到华盛顿(因为当时中美没有直航),再集训几天。

如果没有谢先生的支持,出国的事一定就黄了!谢先生的关怀确实是无微不至的。在临行前,谢先生还特别邀请我到她家,作一次语重心长的谈话。她说:"我们国家目前还不能公派许多访问学者出国,所以我们要推进由外方资助的访问学者模式。你是最早的一批，要好好地工作。此外，如有机会也可以为其他的同事争取出国的机会。在西方，虽然'谢谢你'挂在嘴上，但他们往往是more aggressive，并不认为aggressive不好。因此必须有自己的主见。"

她的话很有哲理，我一直记着她的话，还为学校争取了一个有资助的访问学者和两个研究生名额。

1986年，从报纸上得知朱经武在镧钡铜上取得超导突破后，我即去图书馆查资料，并写信给物理所李荫远所长（物理学年会上与他见过一次面），他立即寄给我物理所的一篇关于钇钡铜论文的预印本，是赵忠贤、陈立泉等编著的。我立即准备给低温组作一次报告。谢先生很支持，并改为向全系作报告。谢先生亲自参加指导。会议气氛很活跃，邱经武半开玩笑地说："搞不好又是一场谣言！"关于高温超导的谣传确实不少，就连发表高温超导专著的金士堡院士也说："今后不在学术杂志上发表的消息，一律不相信！"我劝说道："这次一定是真的。因为电阻率已经降到零！你就听我最后骗一次吧！"

我在会上提出以下几个研究方向。

（1）超导机制的研究。

① 考验是否依然是电声子机制。按照McMilan的理论，电声子机制的临界温度不超过40 K，即使按照其他人的理论，虽然没有这个限制，也不可能达到如此高的温度。

② 由于寻求与其他单位合作，希图通过中子非弹性散射获取声子谱受阻，后来我们很快提出由比热反演出声子谱的理论。经过10多年的努力，这个方向得到很好的发展，并在解决解的稳定性方面提出一整套方法与理论，进而发展了一批新的反问题的研究。

（2）当存在其他的超导机制时，首先要考验的是宏观量子态，或者简称配对热力学态的基本观念。建议立即做点接触，观察交流约瑟夫森效应（Josephson Effect），通过电压-电流特性曲线的阶梯，判断隧穿的超导电子带电量是否为两倍电子电量。结果很快得出结论：存在配对的超导电子。

验证带电2e的工作取得如此快的进展，得益于本系已经在低温超导时做过相应的实验。此外由于高温超导材料的相干长度很短，其他单位的薄膜隧道结的制备受阻，而点接触的耦合可以人工调节。其理论依据，就在于在宏观量子态假设下，照样可以导出约瑟夫森效应。

不久，复旦大学邱经武为首的研究组成功地研制出高温超导的SQUID（超导量子干涉仪），并获得上海科技进步一等奖。

谢先生对科学问题看得很深刻、很高远。记得有一次谢先生在一间朝北的房间里找到我，说起固体对具体的晶体结构的单体能带理论可以研究得很清楚，而以量子场论为基础的量子统计对多体相互作用获得重大进展，但如何将两者结合起来，是非常有意义的。我内心非常敬佩谢先生富有开辟新领域的精神和能力，就回应说确实如此。目前的量子统计是连续介质模型，忽略了晶体的结构，但这种结合的效应在实验上确实已经显现，因而在理论上也必然是有需要的。以超导领域中已经观察到能隙的各向异性，人们已经注意到A15结构的临界温度较高的事实。她的提议我就记在心里。后来在发表费密二次型对角化定理时就将这种结合作为动机之一，因为这种结合在理论处理上极其困难，我相信这对角化定理可以在这困难中找出一条可行的路。

谢先生曾特地找我询问我自己将来科研的方向。我相信科研的灵感与机遇，不想过早拟定方向，就说有时杂一点有好处，Einstein（爱因斯坦）早期的4篇论文很有成就，当他集中到一个方向上的时候，成就却并不明显。谢先生笑着说，随着时间的推移，集中力量也是一种自然趋势。她说得非常中肯，后来我的研究小组就采用了后来定名的方向，它既有灵活性，又有界定性。

谢先生总是热情地给晚辈们创造机会，鼓励他们前进，同时还非常宽容。记得诺贝尔奖获得者丁肇中来沪招生时，邀请一位理论物理的教师共同选拔学生，谢先生派我去。后来我将过程写了一份报告，从中可以看出丁对选拔学生的理念。另一次谢先生派我给诺贝尔奖得主P. W. Anderson作口译。当他说到这是他首次将序参数推广到复数时，我不揣冒昧矫正他说，有人已经做过。听众可能有些不满，但谢先生没有责怪我。她那种科学家对学术争论的大度，至今历历在目！

谢先生之所以能为我国科学事业作出伟大贡献，我想关键在于她对人民的无限热爱。记得在大礼堂听她控诉"四人帮"的迫害时，她一直非常镇定，但当说到她的保姆为保护她而自杀时，她抑制不住了，声泪俱下，全礼堂的听众为之动容！我哭了，中国有如此爱憎分明的平民，有如此正直的学者，真是可歌可泣！伟大的事业，基于伟大的爱，才是真正的伟大。这是我从谢先生身上学到的极为珍贵的精神财富。

（作者：戴显熹，复旦大学物理学系教授）

聆听谢希德先生分析学术动态

孙　鑫

做科学研究，了解国际上最新学术发展动态是重要的一环。

物理学系的师生们非常幸运，每年都有一次机会，聆听谢先生给大家分析国际上"凝聚态物理"的新进展。每年三月，美国物理学会举办"3月会议"，世界各国在这一领域的前沿科学家都借这一机会相互交流，谢先生每年都不辞辛劳参加会议，一方面向世界介绍我国的新进展，另一方面也尽量了解世界各国的新发展。这个会议有多个平行的分会场，报告不同的专题，如果只参加一个分会场，了解的讯息只局限于那一个领域，不能全面掌握"凝聚态物理"的全局发展。因此需要根据各个分会场的报告日程表，选出各段时间内最精彩的报告去参加，这就要制定详细的时间表，及时赶到有关的分会场，这不但需要充沛的精力和体力，而且要有很高的学术水平才能挑选出该听的报告，这不是一般人能胜任的。我们参加过这种会议的同事都有同样的体会：只参加某几个专题的报告，对"凝聚态物理"的整个动向就会不甚了解。谢先生的学术水平就在此充分显示出来，她的知识面是如此之广，能知晓各个不同领域的专业知识，并能辨别出其精华。

谢先生在普遍了解各个专题的最新进展后，加以综合分析，给出一年来国际上在"凝聚态物理"方面的新进展。谢先生每次在参加过"3月会议"回国后，及时地作报告，介绍给全系师生，即使亲自参加了"3月会议"的同事，也无不敬佩谢先生的学术水平。这对物理学系的发展起了极大的推动作用。

（作者：孙鑫，中国科学院院士，复旦大学物理学系教授）

纪念谢希德先生

叶 令

1959年秋天，我开始读大学三年级的时候，谢先生给我们上固体物理课，当时国内还没有编出有关的中文教科书，我们上课所用的都是谢先生亲自编写的讲义。她在50年代初从美国返华之前，已经为开课做好了准备，用小本子记着开这门课需要参考哪些外文书籍和资料。她回国之后，为了发展这个专业，陆续和同事们一起编写了《半导体物理》《固体物理学》《群论及其在物理学中的应用》等书籍，在高校及科研单位被广泛采用。

记得有一次周末回家，在校门口的电车站遇到谢先生也在等电车。我向她提了一个与固体物理课内容有关的问题，她立即清晰、扼要地讲解了这个问题，并说你可以去查阅 Phys. Rev. B 某卷、某期、某个作者的一篇文章，会对这个问题有更好的了解。年岁久远，我当时问的具体是什么问题，已经记不清了，但她对于这个专业全面的知识，以及她深入浅出的讲解，给我留下了非常深刻的印象。

1962年我本科毕业之后，继续在物理学系读理论物理的研究生。毕业后我被分配到仪表局下属的上海无线电十七厂工作。1978年，我调回复旦物理学系，进入表面物理研究室工作。由于我原来不是半导体物理专业的学生，这方面的专业知识比较欠缺，谢先生具体指点我读什么书，看哪些文献，让我能尽快地进入工作状态。她的精心指导、她的工作效率常常让人惊叹。1956年，谢先生曾被国务院借调到北京大学和黄昆先生一起筹办半导体专业组，由五所大学参加，短短两年之内，培训了一批骨干力量，为半导体事业在中国的发展起了决定性的作用。之后，谢先生又看准了表面物理的发展方向，在收集资料、提交建议、组建队伍、确定具体方向、人员培训等方面,一样一样尽快落实。我和另一个同学陆奋(曾为谢先生的研究生)就是在这个时候调回复旦大学的。

在我们进研究室之前,谢先生还从数学系调来了张开明老师,那时张老师正和化学系的两位老师合作,着手从事分子结构的理论计算。当时我们的计算条件还很差,只能花很多时间、用计算量较小的"经验方法"研究一些小分子的结构。但是谢先生还是看准了方向,及早地全力推动计算物理(Computational Physics)在我们研究室的建立和发展。除了向数学系申请使用一台719计算机外,我们有时也向校外单位(如煤矿设计院)申请机时,但我们常常被分配到的是大夜班的机时。后来,谢先生又派员出国访问,进行合作交流,使我们从小型的经验计算,逐步过渡到采用第一性原理的理论方法来研究晶体和表面。

与此同时,谢先生还多次在国内组织了一些专题研讨班和学术会议。之后,在各方面条件比较成熟以后,谢先生又数次主办了国际学术会议。1989年之后,中国的国际交流一度全面中断,谢先生克服困难,继续保持与国外学界朋友的联系,为争取在我国召开国际半导体物理会议,付出了极为艰辛的努力。

▲ 与谢希德先生、张开明老师讨论问题

谢先生不仅是一位优秀的教育家，还是一位极有文化修养、生活情趣丰富多彩的人。除了教书育人之外，她弹钢琴、养花草、读诗书、品电影，阅读中外小说等。由于她深厚的人文底蕴，平时在处理各种大小事务时，常常是知己知彼，驾轻就熟地解决问题。

　　美国华裔物理学家吴健雄教授，1975年当选为美国物理学会第一任女性会长，素有"东方的居里夫人"的美誉。20世纪80年代初开始，她经常来华访问，跟谢先生成为好友。有一次谢先生出国访问归来，跟我们说起，在美国参加学术会议时，又跟吴健雄先生见了面，恰好那天英国影星葛丽亚·嘉逊（Greer Garson）也在，她在1943年好莱坞的米高梅公司拍摄的影片《居里夫人传》中主演居里夫人，当时参加会议的人见到，就邀她过来，为她们三位一起拍了一帧合影。一位是大银幕上的居里夫人，两位是现实中的"东方居里夫人"，真是非常有意思。可惜这张珍贵的照片，如今不知下落了。

　　在跟随谢先生工作的日子里，我见到她亲手操办的一桩桩、一件件事情，从无到有、从小到大，她以弱小的身体，凭着坚毅的信念、超凡的智慧、勤奋的努力、勇敢的担当，推动着我们的教育、科研和国际合作交流事业向前发展。即使后来几度生病、住院治疗，她仍竭尽所能，常常不顾病痛，争分夺秒，努力去做她心中牵挂的这些事。转眼谢先生离开我们已经过去21年了，可是她的音容笑貌在我们的脑海中一如当初！

（作者：叶令，复旦大学物理学系教授）

回忆谢希德先生
——纪念谢希德先生诞辰100周年

王文澄

谢希德先生是我国著名的物理学家和教育家,她在国际上尤其在美国有很高的知名度。在她担任复旦大学校长期间及后来,她多次访问美国;1987年我在美国芝加哥大学当访问学者时目睹了当时美国报刊《今日美国》上登载了一篇她访问美国的新闻报道,称她为"中国的哈佛大学"——复旦大学校长。

谢希德先生在美国麻省理工学院(MIT)取得博士学位后于1952年到复旦大学工作。我是1955年考进复旦大学物理学系的,但我第一次见到谢先生是1958年的暑期在复旦大学邯郸校区300号楼(在相辉堂前大草坪的西北角,现叫蔡冠深人文馆)里。那年谢先生和一批青年教师刚结束五所大学在北京大学合办半导体专门化培训班的工作,回到复旦大学物理学系创办半导体专门化。当时教师办公室和实验室就在300号楼里。我当时的科研工作是与一位刚毕业的青年教师一起建立一台用于制备锗单晶三极管的高温扩散炉,它是我在五年级做毕业实习的关键设备。就是在这样的背景下,我得以在300号楼内经常见到谢先生的身影。谢先生当时是半导体学科负责人,天天都到300号楼里,以身作则,与学生同甘共苦,受到大家敬重。

我们这届学生是复旦大学第一届五年制本科生,从四年级上学期(1958年9月)开始正常上课。全年级分为四个专门化班,我所在的班为半导体班,它是复旦大学独立自办的第一届半导体专门化班。在四年级全年和五年级上学期这一年半的时间里,教师要为学生开出六门专门化课程。在这六门课中，谢希德先生一个人为我们讲授了四门专业课。她一个人主讲了"量子力学"（自编讲义），与方俊鑫先生合作讲授了"固体物理学"（两人合编了教材，该教材在1960年代初由上海科技出版社出版，成为国内这门课的经典教材），与郑广垣先生合作讲授了"半导体物理学"，单独主讲了"半导体理论"（自编讲义）。在一年半时间里，她的教学工作量之大是可想而知的。谢先生讲课概念清晰，公式推导娴熟，内容有条理，很受学生称赞。谢先生为复旦大学物理学系半导体专门化建设付出了艰辛的劳动，作出了重大贡献。

1960年上半年是我们五年级下学期，全班同学都进入实验室做毕业实习。谢先生是留美归国博士，当时已是国内著名的半导体物理学家，但是她也天天在300号楼内，与青年教师和学生打成一片并肩战斗，师生关系融洽。我记忆很深的一件往事：当我们学生写完毕业实习总结（相当于学士论文）将要离开学校前，谢先生邀请我们半导体专门化全体毕业生（24人左右）到她家里做客。那是一套三室一厅的住房，我们20多位同学都围坐在厅里，她请同学们吃点心和甜汤。谢先生与大家话别，对同学们走上工作岗位寄予厚望，师生情谊浓浓，她的谆谆教导给同学们留下难忘印象。

1960年夏我从物理学系毕业后留校工作。有幸被分配在谢先生为组长的固体物理教研组当助教，一边搞科研一边从事教学工作。刚毕业的几年我的教学任务是担任"固体物理学"这门课的辅导老师。从1961年至1963年，"固体物理学"的主讲还是由谢希德和方俊鑫两位先生共同担任，方先生主讲上册内容，谢先生主讲下册内容。我作为辅导老师与三届（1963、1964、1965届）学生一起聆听两位前辈对这门课的讲授；大课后每周安排一个半天的答疑课，学生可来问问题，由我来给学生解答；我还要批改全年级学生的习题本。在那三年里我从谢先生（和方先生）那里学到了固体物理学领域的丰富知识，打下了扎实的基础，对我后来的教学和科研工作有很大的帮助；同时我也从谢先生（和方先生）身上学到许多优秀品德：对教学工作认真负责、一丝不苟。两位先生教这门课很多年了，但每次上课都要做充分准备，每堂课内容几乎都能背下来。两位先生还经常问我学生有什么问题，以便在课堂上重新给同学解答这些难点。这三年下来，我曾汇总收集了100多道固体物理学的思考题，给主讲教师授课时作为讲解参考，提高了教学质量。谢先生（和方先生）是主讲教师，能经常听取辅导老师的建议，他们这种谦虚态度对我后来的工作有许多启发和帮助。

谢希德先生不仅在业务上给青年教师很多指导，在生活上对青年教师也十分关心。有一件事已过去50多年，我仍然记忆犹新。1961—1962年间国家处于困难时期，我刚工作不久，我父母工资很少；而我祖母于1961年确诊得了胃癌，并于1962年11月间去世。这期间，我多次从上海回福建老家探望祖母，花去不少来回路费及医药费，导致我负债累累，最多时债务相当于我当时五个月的工资。当谢先生知道了我的困境后，她让我参加一项工作——为学术期刊《半导体文摘》翻译文稿。谢先生提供给我英文文稿，我把它译成中文文稿，谢先生再对中文文稿进行校对修改后交给出版社出版。通过这项工作，既提高了我的专业英语水平，又得到少许稿费，帮助我还清了一部分欠债。谢先生就是这样处处为青年教师着想，至今我想到这件往事，仍对她满怀感激之情。

1966年，谢先生查出得了乳腺癌并做了手术治疗。在她手术后不久，我和另一位青年教师去她家里看望她。进她家后首先让我惊讶的是，她家里住进了另一户人家，两家人要合用厨房和卫生间。这对曾留学美英多年的一对高级知识分子来说，会是多么不习惯，多么不方便。但谢先生在我们面前没有流露出任何不满，也没说出任何怨言。对她身体上所遭受的病痛，她也没有表现出任何惊慌，相反，她是信心满满地认为一定会战胜病魔。凭借这种顽强意志和乐观精神，她重新走上教学科研和学校领导岗位，为国家作出了重大的贡献。她在逆境中的这些精神值得后人学习。

1978年，在谢希德先生的倡导下，复旦成立了现代物理研究所，研究所下设有表面物理、激光物理、半导体物理、核物理和理论物理等研究室。我所在的研究组原属于固体光学研究室，1980年该研究室并入激光物理研究室。根据当时国际研究动态，在谢先生的推动下，激光物理研究室下面建立了表面光学研究组，从事表面与界面的非线性光学效应的研究。我本人就在这个研究组担任研究组长。这个研究组刚成立时没有研究经费，而我们需要自己制作一台Q调制YAG固体激光器及一台脉冲信号平均器（BOXCAR）。谢先生知道我们研究组困难后，就从她所在的表面物理研究室的经费中划出2万元给我们组作为启动经费，使我们组的研究工作得以顺利开展。在此基础上，我们小组的研究工作取得了好的实验结果，并在学术刊物上发表了论文。1982年，在谢先生名下，我组招收了第一位博士研究生；1983年，我组就获得了国家自然科学基金项目的经费支持。正由于谢先生的指导和具体帮助，我们表面光学组研究工作的路越走越宽，越走越顺，不断取得可喜的研究成果。

1982年暑假，香港中文大学主办了面向亚洲各国的、为期两周的"光电子学专题讨论班"（Seminar on Opto-Electronics）。在这两周里，每天上午由受邀专家做系统讲座报告；下午安排与会者自愿做一个20分钟的口头报告。当时，组织者给中国大陆10个名额，复旦大学只有一个名额，我有幸被指定去参加这个讨论班。根据我们小组的研究工作，我就准备了一个报告去参加讨论班，报告题目为：银膜-石英晶体界面上光学倍频信号的增强。这是我第一次参加国际性学术活动，也是第一次用英语做口头报告。为了不出差错，我把报告的英文稿写好，请谢先生给我修改。谢先生毫不推却，把这份英文稿从头到尾仔细地修改了一遍。按照她修改过的英文稿，我做好报告的透明片带到香港中文大学去参加讨论班；我报告后有五分钟提问时间，我也回答了与会者的提问，圆满地完成了这次参加讨论班的任务。当时我们大陆只有少数人提供了口头报告，全靠谢先生的指导和帮助，我才能顺利地在这个讨论班上完成了口头报告。

1982年中美两国物理学会签订了"中美原子分子与凝聚态物理合作基础研究计划"的协议，推动和执行这个协议的中方负责人就是时任复旦大学校长的谢希德先生。根据这个协议，从1983年至1988年，中国五所重点大学物理系和中国科学院五个研究所各派一名中年物理学科研究人员，到美国著名大学的物理系去从事合作研究两年，以提高中方人员学术水平。我们复旦大学物理学系前后共派出六位具有副教授职称的中年教师去美国著名大学从事合作研究。经过双向选择，我有幸于1985年被挑选去芝加哥大学当访问学者，到时任该校物理学系主任的H. Fritsche（以下简称H.F.）教授研究组从事研究工作。为了让我能顺利参加这次合作研究，谢先生帮我修改了我的英文履历表，写了信把我推荐给H.F.教授。当我确定要去芝加哥大学参加合作研究时，有一次在物理楼前谢先生对我说："你就要去芝加哥大学物理系做访问学者，我不担心你的研究能力，但我担心你的英语听力和口语表达能力，走之前要多听和多讲英语。"她的这一段话我铭记在心，并尽可能按她的要求去做。1986年1月8日我从上海飞往美国芝加哥，休息三天后就去芝加哥大学H. F.教授实验室上班，开始了我的访问生涯。1986年3月谢先生去美国参加美国物理学会年会（APS MARCH MEETING），会后她顺访芝加哥大学并与H. F.教授见面。谢先生问H. F.教授："王文澄的英语听讲能力如何？"H. F.教授告诉她："王能听懂也能说。"对此谢先生很高兴。经过约20个月在芝加哥大学H.F.实验室的努力工作，我在学术刊物上发表了两篇第一作者文章。在我要回复旦之前，H.F.教授给谢希德先生写了一封信，信中说："王的研究成果表明中美两国合作研究是成功的；他代表了复旦大学的高水平；他对我们小组研究工作作出许多贡献。"谢先生收到这封信后很高兴，还把信交给当时物理学系领导传阅。我在芝加哥大学的访问研究能够取得成功，并为复旦大学争了光，是与谢先生从头到尾对我的指导和关心分不开的。

时间到了1990年代初，谢先生不再担任复旦大学校长，但她对物理学系工作还是很关心的。那时我是激光物理研究室主任，记得有一次她说道："要注意引进在国外的留学生来复旦大学任教。"在谢先生直接关心下，半导体物理研究室引进陈良尧博士回复旦大学工作。陈博士在美国爱荷华州立大学（Iowa State University）获得物理学博士学位，在AMES国家实验室做博士后研究。我们激光物理研究室引进了陆兴泽博士来我室工作。陆博士在美国纽约城市大学（CCNY）获得博士学位，并做过博士后研究。后来我们物理学系不断引进一些留学博士，这些引进来的博士在复旦大学都发挥了很好的作用。

谢希德先生不担任校长后在恒隆物理楼二楼东办公室上班，我在担任物理学系主任期间（1992年10月至1996年3月），也常在那边的系主任办公室，我有事经常会去请教她，她总是耐心解答。谢先生有事时也会来找我，有一年她要为物理学系推荐一名院士申请人，当时我们系有2—3位可推荐的候选人，但每次她只能推荐1人。谁先谁后她已有考虑，她还是来征求我（系主任）的意见。谢先生为人谦虚的品德值得我们后人学习。

谢希德先生重视外事接待工作是有目共睹的，凡有国外著名科学家来复旦大学访问，只要有时间，她都会抽空参加接待。我曾经邀请过两位美国著名的物理学家来复旦大学访问，一位是美国哈佛大学诺贝尔物理学奖获得者——N. Bloembergen教授于1994年来复旦大学访问，他在复旦大学做了《激光与材料相互作用》的学术报告，谢先生和时任校长的杨福家教授都与他见面和交谈。另一位是国际著名的光学家——美国罗切斯特大学（University of Rochester）的Emil Wolf教授于1995年来复旦大学访问，我也请谢先生与他见面和交谈。谢先生参加的外事活动举不胜举，许许多多的外事接待活动扩大了复旦大学在国际上的知名度。

1999年7月至2000年1月我请了半年教授学术假，在美国蔻伊学院（Coe College）进行一个月合作研究，参观访问哈佛大学激光光谱实验室，并多次去耶鲁大学应用物理系激光实验室访问。当我结束学术假回到复旦大学时，听到谢先生病重的消息，我立即与时任物理学系总支书记及系主任一同赶往华东医院去探望谢先生。这次见到她时，她已卧床不起，她的手已浮肿。我跟她说："谢先生，你前几次都能战胜病魔挺了过去，相信你这次也能战胜病魔，恢复健康。"我说后她没有回答我。没有想到一个多月后，她就与世长辞了。这就是我最后一次与她见面。

谢希德先生是著名的科学家和教育家，她曾先后担任过复旦大学副校长和校长，为提高复旦大学的教学科研水平和国际知名度作出了杰出的贡献。我从1958年暑假第一次见到她至2000年2月最后一次去看她，时间跨越了42年。对我来说，她是一位循循善诱的好老师，是一位直接关心和帮助过我的好长辈，更是一位给我很多指导的好领导。她在逆境中勇于战胜困难的优秀品格，一直指引着我在人生道路上奋勇直前。

谢希德先生永远活在我的心中！

（作者：王文澄，曾任复旦大学物理学系系主任，复旦大学光科学与工程系教授）

缅怀谢希德先生

王鼎盛

最早知道谢希德先生是读她和方俊鑫先生合著的《固体物理学》，有机会和谢先生近距离接触和交谈则开始于1979年在美国西北大学。那时我在Art Freeman教授组里作访问学者，谢先生经常访问Art Freeman教授，还推荐了好些复旦大学以及国内其他院校的老师或学生去西北大学作访问学者或博士后，那几年里我有四五次机会和谢先生见面，向她汇报我的学习和研究

▲ 1992年在印第安纳波利斯（Indianapolis）参加美国物理学会"3月会议"时，我有幸又见到谢希德先生，会议结束后陪同谢先生同车返回芝加哥
照片是上车离开印第安纳波利斯前的合影。右后方高楼是接待开会的酒店

工作。此外，我和谢先生在国内外学术活动中有多次接触，记忆所及，大致有两三次是她让我到复旦大学参加她的博士生的毕业论文答辩；两三次是在美国物理学会的"3月会议"上；两次是在国际表面结构会议上；四五次是在国内的凝聚态理论和统计物理专业会议上；两三次是在国内表面物理会议上；两三次是在她倡导并主持下在复旦大学举行的中日物理讨论会等会议上，加起来总超过20次了。这些接触，短的一两小时，长的也就两三天，不过几乎每次都得到谢先生的关心，问我在研究什么，进展如何。

1978年3月18日，在全国科学大会上，谢希德先生瞄准国际科学发展前沿，正式建议我国建立表面物理研究中心，这项建议得到国家科委和高教部支持。之后，由复旦大学物理学系和中科院物理所共同主办表面物理讲习班，谢先生亲自出席主讲。1979年后，中科院物理所先后选派周钧铭、陆华等年轻骨干近十人到日本和美国的一流表面科学实验室进修学习，1981年

▲ 第二届表面物理实验室学术委员会合影。主任：谢希德（前右三），副主任：林彰达（前右二）、许振嘉（缺席），委员：江龙（后右四）、李林（前左四）、王迅（前左一）等

后，他们相继回国。经过谢先生的长期推动和中科院的认真准备，1984年国家计委启动国家重点实验室项目时，中科院物理所和半导体所开始筹备共同申请建立"表面物理国家重点实验室"。从筹备开始，又得到谢先生的大力支持和指导。1987年表面实验室正式成立，直到1995年，谢先生一直担任学术委员会主任。从1984年开始筹备的十多年里，谢先生每年都会有一两次来过问和指导物理所表面实验室的工作。这个表面实验室是第一个正式成立的国家重点实验室，对今后该如何管理还在摸索中。记得开始酝酿成立实验室学术委员会时，最早是想把实验室人员的业绩考核、任职、晋级等都作为实验室学术委员会的工作和责任。是谢先生提出，实验室的学术委员会还是要把精力放在掌握学术方向和重要课题的设立与评价上，对研究人员的考核、任职、晋级等管理还是应该由所在研究所负责为妥。后来的运行实践证明，谢先生的这个安排是合适的。

谢希德先生对像我这样的学生辈，甚至比我更年轻10岁到20岁的学生们的关心，对我们成长的支持，我们都深有体会。1990年后，国家科委（现科技部）在正式推出"攀登计划"（即后来的"973计划"）之前，先推出了"攀登计划预选项目"。我和一些同事在1994年开始酝酿，联合申报了"计算材料科学的物理基础与应用"项目。我向谢先生汇报了项目的设想和准备工作后，谢先生用她的个人专用信笺纸，亲笔写了中肯的评价，积极给予支持，对于项目获得批准起到重要作用。

1999年秋天，谢希德先生已经病重，我去医院看望她，看见病房里还放着电脑。保姆说，只要疼痛稍轻一点，谢先生还会下床工作。之后大约半年，传来了噩耗。几年后的2003—2005年，我荣幸地受到复旦大学物理学系邀请，作为"谢希德学者"每年去工作一个月，算是我以微薄之力，对谢先生的一点告慰。

值此谢希德先生百年诞辰，谨书缅怀之情。愿谢先生敬业正直、育人不倦的精神长存。

（作者：王鼎盛，中国科学院院士，中国科学院物理研究所研究员）

高风亮节　无私奉献

王生洪

在谢希德同志离开我们将近一周年之际，我怀着崇敬的心情，缅怀她无私奉献的一生。

早在担任上海市教卫办主任、市高教局局长时，我就曾带着问题，向谢校长请教过教育改革和管理的经验。在我后来担任上海市政协副主席、市委统战部长期间，我们与谢先生共商大计，在推动欧美同学会的工作、举办"98中华学人与21世纪上海发展"国际研讨会，以及迎接香港回归等重大活动中，谢先生的贡献有目共睹。

1999年初，我出任复旦大学校长，在与广大教师、科研人员接触中，我听到大家称赞谢希德为复旦大学的建设和发展做出了不可磨灭的功绩。特别是在谢校长逝世时，学校师生和社会各界以十分悲痛的心情，悼念谢希德同志。

教育部发来唁电，赞誉谢希德教授"为党和人民的教育科学事业，呕心沥血，奋斗终生，为国家培养了大批优秀的科技、教育和管理人才，为我国社会主义现代化建设奉献了毕生精力"。中国科学院院长路甬祥代表中国科学院发来唁电，表彰谢希德院士关心和支持科技改革与发展，在国家自然科学基金的建立、博士后制度的建立、国家重点实验室制度的建设以及上海光源建设中所作出的特殊贡献。国家自然科学基金委员会陈家洱，中国驻美国大使李肇星、前大使李道豫，诺贝尔奖获得者杨振宁、李政道，以及香港科技大学校长吴家玮，清华大学校长王大中等都发来唁电，表达深切的悼念。

谢校长离去的那天，复旦大学师生沉浸在巨大的悲痛之中。复旦大学校园里素有"南京路"之称的道路两旁的树上，远远望去，一路白鹤，寄托着深深的哀思。成千上万只学生折叠的纸鹤，在风中轻轻晃动，恰似一幅素淡的悼画，恰似一首深挚的挽歌。在送别的那天，龙华殡仪馆，来自四面八方的人们，排队与谢希德同志告别，花圈从馆前一直延伸到馆内道路两旁……

在纪念谢希德同志之际，我们要发扬她的革命精神，继续开拓创新，做好各自的工作。

我们要学习谢希德同志与祖国同甘苦、共命运的爱国主义精神。1952年，她怀着对新中国的向往，冲破重重阻挠，放弃国外优越的生活待遇，毅然决然地与丈夫曹天钦一起，回到日思夜想的祖国，任教于复旦大学物理学系。"文化大革命"期间，她遭受严重的迫害，但始终坚信党、坚信人民、坚信真理。粉碎"四人帮"后，谢希德同志坚决拥护中共十一届三中全会的路线、方针、政策，全身心地投入到科学研究和培养人才的事业中去。她经常以自身的经历教导青年学生和教师，要热爱祖国。"爱祖国是一切'爱'之本"，深深地在青年一代心中扎根。

我们要学习谢希德同志勇于探索、善于开拓的创新精神。她起初开展半导体学科研究，随着科学技术的发展，谢希德不满足于已取得的成绩，她追踪科学新潮流，始终站在科研第一线，并在表面物理、凝聚态物理等新学科研究中，取得了重要的成果。她十分重视学科建设，希望学校各级领导和科研人员抓紧开展学科创新。她率先带领复旦大学走出国门，广泛加强与国际院校的学术交流与合作，极大地提高了复旦大学在国际上的知名度。她还十分重视科学普及工作，身体力行地传播新知识，在青年中产生广泛而深远的影响。

我们要学习谢希德同志追求真理和脚踏实地工作的科学精神。她的学生写作的论文，谢希德同志阅后，有关课题组成绩的形容词全部被删除，她还批示："自己的工作应该由别人来夸奖才是真正的好。"学生的科技论文，有许多索引，谢先生总是一看就能改正几个错误，令平时工作非常细心的学生感到由衷的敬佩。在担任学校校长期间，谢希德总是实事求是地对待学校的发展，她看到了复旦大学的巨大变化，但总是提醒大家：为了祖国的"四化"，我多么希望变化能更快些啊！我们应该有时代的紧迫感，但是不能过分焦急，我们要学会如何以实事求是的精神，脚踏实地地奔向明天。

我们要学习谢希德同志顽强与疾病作斗争的坚强意志，在任何困难的情况下，奋力拼搏去争取胜利的乐观主义精神。她从小就体弱多病，但在与病魔作斗争中，坚持学习和锻炼，不断取得优异的成绩。1966年，她身患乳腺癌，施行手术切除后，又经历多次复发。但谢希德同志以一个彻底的唯物主义者的态度对待疾病，积极配合医生治疗。在她生命垂危之际，还握住我的手说："这是一场战斗！"她始终在病情严重的情况下保持乐观，在逆境中看到光明，在艰难中寻找希望。她早与丈夫曹天钦商定，在身后将遗体献给医学事业，她表现出博大的胸怀。

我们要学习谢希德同志满腔热情对待同志和朋友、乐于为人民服务的精神。在担任复旦大学副校长、校长期间，她与广大教师和学生交朋友，大家有话都愿意向她说，有问题总想向她反映。特别是一些女同志、女学生更是将她作为自己的知心人。在对外国际交流中，不仅有科学工作者，还有一些国家的妇女领袖和社会活动家，谢希德同志常常与她们保持联系，探讨问题。平时，她获知某同志得病，便会主动向医生请教，及时关心其就医；学校人行道有两块地砖陷落，她又会请分管的副校长及时派人修好；她还亲手打印几百份学生求学推荐信……谢希德同志的博爱和人格魅力，令许多领导、同志、朋友赞叹不已，深受感动。

谢希德同志的崇高精神，永远鼓励我们前进！她的高风亮节、无私奉献的精神，永远活在我们心中！

（作者：王生洪，教授，曾任复旦大学校长，上海市政协副主席。本文写于2000年10月15日，收录于《师表·回忆谢希德》）

可敬的师长，永远的榜样
——纪念谢希德校长诞辰100周年

王生洪

2021年3月19日，是物理学家、复旦大学老校长谢希德教授诞辰100周年；距离她从麻省理工学院博士毕业、万里奔波报效故国的1952年，则属69周年；追念她出任新中国第一任大学女校长、开始执掌复旦大学的1983年，也有38周年。谢校长一直是我极为景仰的前辈科学家和老领导，我在工作中常得到她的指教和帮助。在这个特殊的时刻，我谨不揣冒昧，写下点滴文字，以志怀念。

谢校长属于生长民国、建设新中国的留学精英中的一员。他们学养深厚、身经世变、多历磨难，对于祖国有"虽九死而未悔"的眷恋，对于科学事业有着无限的执着。在这一群精英中，谢校长本人又有特异的光彩：她作为半导体和表面物理领域的杰出科学家，取得了卓越成就，久为科学界所公认；她有始终如一的爱国情怀，是影响力超越科学、教育界的道德楷模；她身患重疾历经36年，以顽强的意志、坚卓的精神，谱写了一曲人性和人格的颂歌；她在复旦大学从教授到校长，润泽师生员工，早就有口皆碑。她以远见卓识，面向未来，布局新兴、交叉学科；她以积极、敏锐的进取精神，推动国际交流，提升复旦大学国际声誉；她的睿智谦和、开明友善的做事风格，春风化雨，对于半个世纪以来复旦大学的发展，有着全面深入的影响。

说起来，我与谢校长交往时间颇长。众所周知，谢校长不仅是杰出的科学家和教育家，也是卓有声誉的社会活动家，多次就中国科学发展和高等教育向党和国家提供建议。入职复旦大学之前，我在上海市教委办工作时，就多次向德高望重的谢校长请教；后来到政协工作时，也常向作为前任老领导的谢校长讨教，就教育和科学发展、正确对待青年学生等重大问题，聆听她的分析和建议。还有一次接触，印象极其深刻，那是她兼任上海市欧美同学会会长时，我当时兼任海外联谊会会长。记得是两会合作举办"98中华学人与21世纪上海发展国际研讨会"，面对新世纪上海发展和知识经济发展的新态势，广邀中外学人交流讨论。鉴于谢校长的崇高地位，大家一致请她领衔筹备、主持。谢校长欣然接受，对于整个会议，从主题设置到人员邀请，再到各种具体安排，都躬身参与。那次会议汇集了吴瑞、田长霖、吴家玮、江家驷等国际知名的科学家，作为会议主席的谢校长居间联络，竭尽全力。她出众的领导和组织才华，她的谦和容众所散发出的个人魅力，令人印象深刻。那次会议举办得非常成功，获得江泽民同志的高度称许。会议于7月29日结束，8月她就因乳腺癌复发住进华东医院北楼1810房间。事后我才知道，谢校长从1966年即开始了她绵延历久的抗癌历史，这一次为了筹措、主办会议，特意推迟住院的时间。她公而忘私的精神让我极为感动。

我于1999年1月出任复旦大学校长，说实在的，任命下达时我有些思想准备不足，忐忑不安。来到学养深厚的江南学术重镇做校长，真是战战兢兢，如履薄冰。谢校长等老领导的鼓励给了我很大的支持，而在进校后开始的基层调研中，更让我深深了解到谢校长在复旦大学声望之高、影响之大、沾濡之深切。有几件事我至今印象深刻。

一件是我到物理学系调研时，复旦大学表面物理实验室给我留下了深刻的印象，它是当时复旦五个国家重点实验室之一。大家都说，这是谢校长在多年研究半导体和表面物理的基础上，首先向国家自然科学规划会议上提出的前沿科学倡议，得到国家科委和高教部的支持。经过十多年的努力，机构由研究所升为国家重点实验室，理论和实验两方面都成果丰硕，广受国内外同行的尊重。实验室在青年人才集聚和梯队培养、国际学术交流和科研合作上极有特色。谢校长是我国表面物理学的先驱和奠基人，王迅院士说："没有谢希德，就没有复旦大学表面物理国家重点实验室。"二是我在管理学院调研时，郑绍濂教授向我讲述了管理学院的历史。他深情地说，复旦大学管理学科在设立之初，曾因为它的实用性和交叉性，大家有不同意见。谢希德做了校长之后，预见到管理对国家经济发展的重要性，极力主张将管理学科与文科、理科、技术一起并列为学校建设的学科，并于1985年批准建立了管理学院。管理学院从无到有的建设过程中，谢校长大胆授权，从资源、师资等各个方面给予了倾力支援。她还鼓励学院领导放开手脚，突破陈规。复旦大学管理学院之所以能在国内同领域中领先，在世界上有影响，谢校长的眼光、开明、关心，正是极大的推进因素。第三个印象深刻的调研是在美国研究中心，这是1985年谢希德担任校长期间，以远见卓识和坚韧的努力，在国内高校中首创的美国研究中心。她还亲自担任中心主任。在她的领导下，中心从无到有，由小到大，发展成为国内外有相当影响的国际问题研究机构，成为中美两国友谊和交流的桥梁与纽带。我在任内曾经收到一份特殊的礼物，那是一面美国国旗，来自一位原本对于中国不算友好的美国众议员。他在与谢校长的接触中，深深折服于她的智慧和人格的力量，从此成为她的崇拜者和中美关系的热情推动者。他要求美国国会山上的国旗为谢希德教授飘扬一天，然后将之连同证书作为礼物赠送给复旦大学。2000年2月28日，我们在复旦大学美国研究中心举办了谢希德奖学金启动仪式，美国驻沪总领事出席。3月4日，谢校长去世。次日那位议员知道消息，特意打来电话表示哀悼，并向家属索要英文简历和讣告，以备他在众议院宣读。因为谢校长的缘故，美国研究中心与美国多个层面都有深入交流，卓有成效地促进了中美关系的发展和美国学研究的进步。美国研究中心二期建设作为复旦大学百年校庆重大项目，我们又得到了来自美国的资金支持。这使我再一次亲身感受到谢校长对推动国际交流的长远影响，这是谢校长留给复旦大学的一份宝贵财富。

我在复旦大学任职十年，也是十分难忘和幸运的十年。对于谢希德等各位前辈和领导、各位复旦大学资深教授的无私支持，我的内心深处始终有一份深深的感激。在我任职期间，正是我国高等教育又一轮快速发展时期。当时党和国家实施科教兴国战略和人才强国战略，十年里实施了两轮"211"工程，两轮"985"工程。在这段时间，我们强调学科建设，推动学科交叉集成；积极引进人才，加强队伍建设；实施国际化战略，扩大对外交流，取得了阶段性进展。这些进展，自然是全校师生员工同心一德的结果；而追源其始，马相伯、李登辉等创校先贤立下的格局，解放后陈望道、苏步青、谢希德以来历任校长所开拓的气象，正是不容忽略的风神和底色。谢校长当年大声疾呼教育改革，强化新兴交叉学科建设，立足国内建设需求又极力推动走向世界的步伐，她的远见卓识和身体力行，为我们后来的学校建设，把握了方向，奠定了坚实的基础。

翻开我的工作日志，可以见到我多次探望谢校长的经历。对于我的咨询、求教，她也毫不惮烦，不惜耳提面命，给我多方面的帮助和鼓励。记得1999年5月25日，我到医院看望她，通报学校行政班子的充实和调整，此前谢校长也对有关人选作了切实的推荐。记得当时我还向她报告了近期学校的一些重要工作，包括基层调研的情况、学校"三年行动计划"的制定等，谢校长不时作出明确回应。她的聪明是那种坦诚的睿智，她的亲切里有特别突出的大局观和平衡感，她所提供的信息平实厚重、意味深长。当时她身体略有好转，她对我说："希望6月份出院，尽快回到学校。"与她相处，常常会感受到她对晚辈发自内心的关切！如果不是她身体欠佳，真愿意多多延长交流时间。

另外一次印象特别的探望是在1999年10月，当年科学院全国院士大会将在11月召开，谢校长告诉我她一定要参加。当时谢校长身体情况不算很好，但是她说这次大会将要审议一些学者的院士资格，对于未来的学科建设和科研布局影响重大，她不能缺席。见到她如此坚持，我们也就同意了她的安排，并抓紧落实陪护措施。在她身体极度衰弱的时刻，仍对自身安危一无所系。她始终操心的，是学术领袖梯队的建设和学科长远规划，可谓献身学术，始终如一。这样的伟岸人格和精神境界，令人肃然起敬！

谢校长是有大格局、大视野的人。复旦大学的许多学科都在她这里发端或壮大，她的智慧、视野、修养、勇气，展示出她对科技潮流和社会发展趋势的把握，自成领袖一代的风标。她身上自然而然地，随时散发出一种道德的光辉和意志的力量，让我高山仰止，油然而生崇敬之心。就在她逝世之前两天，3月2日上午，我动身参加全国政协会议之前去了医院探望，她插着鼻饲软管，紧紧握住我的手，强撑着说："我是在战斗！"精神意志力的强大，让我深为感佩。想不到那一次竟是永别！

多年以来，谢希德校长在复旦人的心目中，一直是一位慈祥的长者、睿智的领导、温暖的妈妈、坚强的榜样。这有点类似于古人的表述，领导者当如冬天的太阳，在团队成员面临困难和挑战时送上温暖的照拂。我是何等有

幸,能在谢校长那里收获如此之多的教导和感动。我在海内外各种学术交流和文化合作的舞台上,也多次听到对于谢校长的深情怀念。每一次,都让她在我心中的形象更加高大,对她的高瞻远瞩更加景仰。她就像夏日清风里的明月,照映先后;又像冬日中午的阳光,温暖可亲。谢希德先生永远活在我们心中!

(作者:王生洪,教授,曾任复旦大学校长,上海市政协副主席)

中国集成电路的引路人：谢希德先生
——纪念谢希德先生诞辰100周年

章开和

2021年3月19日，是谢希德先生诞辰100周年的日子。闭上眼，她的音容笑貌犹在眼前。从校长办公室到物理楼的那条路，不知谢先生走过多少遍。那条路上，谢先生和教师、学生们亲切交谈的场景历历在目，那些话语还在脑海中萦绕，为多少师生点亮了前进的方向。

我最后一次见谢先生，是在2000年的华东医院，送给了她一张CD光盘。那是谢先生深受病魔折磨的一段时间，她依然是那么豁达，那么优雅，谢过了我的礼物，慈祥的眼神中依然饱含着对生活的热爱。

20世纪50年代，伴随着新中国的成立，许多卓越的海外学者和科学家，怀着报效祖国的赤子之心，突破了重重困难和阻挠，纷纷回到了祖国。他们给新中国带来了各种科学领域最新的研究方向和自己非凡的专业知识。有核物理学家钱三强，有空气动力学家钱学森，而谢先生带来的就是集成电路的工业基础——半导体物理。那时候，促使谢先生回国最大的动力就是让当时还是新兴的半导体物理能够在中国生根开花，让中国能够掌握最新的科技动态，跟上世界的步伐。

1947年，美国贝尔实验室William Shockley等发明了晶体管；50年代末，德州仪器的Jack Kilby等发明了集成电路及平面工艺。半个多世纪下来，集成电路已经发展成包含材料制备、工艺加工、电路设计、封装测试、设备制造以及EDA电子设计自动化等庞大的工业产业分类。而集成电路的应用则给人类社会带来了天翻地覆的变化。20世纪五六十年代，两弹一星元勋钱学森先生等人为国家安全铸就了震慑国外强敌的宝剑。如今到了21世纪，中国依然面临着西方的霸权主义，只不过由过去主要的战争威胁，增加了经济上的封锁制裁和科技上的霸凌。科技之争的一个突出矛盾，就是半导体技术之争，或者更直接一些，就是集成电路技术之争。越来越多的国人知道了集成电路，越来越多的企业投身芯片行业。而在70年前，还没有多少人认识到其重要性的时候，谢先生却已是洞若观火、未雨绸缪了。谢先生历经各种困难回到祖国，在复旦大学物理学系任教。1956年，周总理发起了"向科学进军"的号召，她被调到北京大学联合筹建半导体专业组，并与黄昆先生一起创办了我国第一个半导体专门化培训班。经过一整年的时间，谢希德先生与黄昆先生合著的《半导体物理学》问世，这也是我国在该领域的第一部著作。经过两年的培养，包括北京大学王阳元院士等多名青年科技工作者，分赴我国各地高等院校、科研院所和生产第一线，成为我国半导体领域和集成电路产业的先锋和骨干。

  1960年代，我们进了复旦大学物理学系，虽然有的同学没有上过谢先生的课，但她依然是我们心中最值得尊敬的老师。我相信很多复旦大学的学生都有同样的感受。谢先生的才智、远见和人格熏陶着我们，她是指路人，是我们那个时代年轻人心中的偶像。在谢先生的引领下，我们一批复旦大学的同事齐心协力建立了一条完整的集成电路生产线：从芯片抛光材料开始，到超净实验室建设、安装生产设备、数字电路设计、模拟电路设计、热压封装、芯片测试等等。那是我们激情燃烧的岁月，是我们共同创造的属于复旦大学的辉煌。像这样一条完整的集成电路生产线，在高等院校中是非常难得的，它对培养全面的集成电路设计和制造，并且能把理论与实践联系起来的人才是极有帮助的。在美国加州大学贝克莱分校，就有这样一条集成电路生产线，研究生们的设计目标必须在硅片上得到证明，清华大学有这样的生产线，我们复旦大学也有这样的生产线。在这样的实验条件下，我们不但完成了科技部、电子部、教育部等下达的各项集成电路科研项目，也培养了一大批以唐璞山、阮刚、叶仰林、凌燮亭、章倩苓、李炳宗、鲍敏杭、汤庭鳌、吴宪平、童家榕、洪志良等为代表的集成电路学科的领军人才。经过几十年的发展，他们又培养了一代又一代的优秀学子。谢先生亲手缔造了中国的半导体物理、表面物理、凝聚态物理等学科，同时也为中国集成电路事业培养

中国集成电路的引路人：谢希德先生

了一大批优秀人才。他们正在为关乎我们国家的经济命脉和信息安全、打赢所谓的芯片之战而奋斗。

我看过王兆永先生写的纪念谢先生诞辰100周年的文章，谢先生对学子的关怀和爱护我都是感同身受。我想过，我一生遇见过许多好的老师，他们教我知识，鼓励、帮助我成长。在我的学习、工作生涯中有两位最重要的老师，或者叫恩师、导师：一位是美国加州贝克莱的Don Pederson教授；另一位就是谢希德先生。Pederson教授让我学习到集成电路最丰富的内容和知识，而谢希德先生却是带我走进这扇大门的引路人。

美国电气与电子工程师学会（IEEE）每年有一个非常著名的国际会议，叫国际固态电路会议（International Solid State Circuits Conference，ISSCC），它也被称为"集成电路界的奥林匹克"。这个会议起源于1954年，半个多世纪以来，在晶体管、集成电路领域最高水平的发明和进步都在这个会议上发表。2005年，IEEE把原来的会议最高奖"IEEE固体电路奖"改名为"Don Pederson奖"，以纪念Pederson教授对世界集成电路发展作出的伟大贡献。这都会让我想到谢希德先生。谢先生亲手缔造了我们国家的半导体物理、表面物理、凝聚态物理等学科，是这些学术领域的大师。另外，谢先生高瞻远瞩，指引、培养了大批的集成电路精英。他们正在并将继续在学术界、企业界，率领着千军万马，奋战在打破国外垄断和制裁、捍卫国家信息安全的集成电路之战、芯片之战中。在集成电路领域，谢先生是引路人，也是大师。60多年前，钱三强、钱学森、邓稼先等两弹一星元勋捍卫了我们祖国的国防安全。我们相信，在祖国和全国人民的支持下，以谢先生引领和代表的中国集成电路也一定能在这场关于国家的科技发展和信息安全的芯片之战中获得胜利，这一仗我们一定会赢。

现在，我们在这里纪念我们尊敬的谢先生诞辰100周年。假如……假如，谢先生现在还活着，还健在，那么，在一年多前，2019年的国庆节，在庆祝中华人民共和国成立70周年时，颁发国家勋章给于敏、孙家栋、屠呦呦等的名单上，一定会增加一个名字——谢希德！！！

谢希德先生，我们深深地怀念您……！

（作者：章开和，曾为复旦大学电子工程系教授）

谢希德教授与复旦大学

王增藩

20世纪80年代初,我在复旦大学校长办公室从事秘书工作,一晃至今已20多年。从那时起,我就与谢希德教授有较多的接触,印象最深的是,她办事干练,惜时高效。

校长室设在一幢简易古老的小楼二楼,有人上楼,楼梯就会发出吱吱的响声。我听惯了谢希德校长的脚步声,知道是她到了。紧接着,便传来招呼秘书备文的声音。谢校长接过厚厚文件夹,走进办公室埋头阅文。半个钟头,最多三刻钟,该由她签署意见的,都能从中找到答复,当秘书的就喜欢这样的领导。

校长谢希德

1983年2月,谢希德担任复旦大学校长,成了新中国成立以来第一位大学女校长。那年8月,正值学校放暑假。有人猜想:她也许外出避暑去了,也许闭门休养生息。然而,大家都猜错了,她还在忙碌呢。学校值班室的电话铃响了:"我是谢希德,请您提供两个数字……"我很快记下校长的要求,并且从有关的资料中查到,电告了谢希德校长。

原来,谢校长正在自己拥挤的书屋里修改、审定1984年至1990年学校发展规划初步设想。那几天,正是上海有史以来少见的艳阳天。赤日炎炎,挥汗如雨,连日气温高达37℃至38℃。然而,谢校长没有去度假,差不多每天都从家中赶到学校来,10天之内,主持两次会议,对规划作了大的修改。她向中央领导汇报自己对办好重点大学的设想，有关发展新学科、交叉学科的观点，重点列入了规划。

自从谢希德担任复旦大学校长后，学校教职员每学期开学时，都能听到她的工作报告和学校在新学期的打算，这已成为不明文的制度。她的报告既讲成绩，又讲问题，言简意赅，一个小时之内散会，深受师生员工的欢迎。

其实，要做这样一次报告，谢希德不知花费了多少宝贵的时间和精力。我虽然为她整理初稿，但从退回的文稿中，看到谢校长留下密密麻麻的字迹。在开会之前，讨论稿几次印发党委书记、副校长和有关部门领导征求意见，由我汇总后，再推敲定稿。身为一校之长，把自己的领导工作，自觉置身于师生员工的监督之下，这是多么难能可贵啊！

每过一段时间，她就要办公室主任报告，新的学院成立后，都做了些什么工作；办公会议决定的事项，落实了多少？她想多了解基层实际情况，以便更好地领导学校的工作。校际交流、学术活动已占去了她许多宝贵的时间，她忙极了，但仍然坚持了解基层。一次，她走在校园西南角的小道上，有人投来疑惑的眼光，问她是否走迷路了？谢希德笑着对他说："没有错，我是到系里参加校长办公会议的。"

在数学系资料室，该系的党政领导及部分骨干教师，与校领导聚集一堂。原来这是校领导下基层召开另一次校长办公会议。教师首先反映，数学系资料室的图书期刊原来比较齐全，由于图书价格调整，现在要维持原订图书期刊数量已相当困难。校长们听了教师的发言后，从图书资料的重要性出发，与同来参加办公会的同志一起商量，决定一方面积极争取国家教育部给予特别支持，又力所能及地适当增拨部分图书经费。由于谢校长的重视和关心，名誉校长苏步青教授的大力支持，复旦大学数学系图书资料及时得到补充，并加强了管理，已成为国内数学界闻名的资料室。

学者谢希德

国际核靶发展学会第7届国际会议于1978年9月在联邦德国慕尼黑附近

的伽兴召开。谢希德作为团长，带领一个8人代表团出席这个会议，并在联邦德国的一些实验室参加访问。从此，谢希德为70年代末以后复旦大学与国际高等学校和学术界的交流，拉开了序幕。

就在这次访问中，一件意外的事情发生了。那天清晨，在下榻的旅馆房间里，谢希德起床时不小心跌倒在床栏杆上，顿时肋骨感到一阵剧痛。特别是喘气时，更是难以忍受。这里是她出访的第一站，自己又是团长，所以没敢声张。其实，当时她已造成肋骨的部分骨折。回复旦大学后，她一忙早把此事忘得一干二净。紧接着，1979年1月，她又赴美国考察。待到回国后到医院进行一般性体检时，医生经过X光透视，郑重其事地告诉她肋骨曾经骨折，但已痊愈，谢希德这才恍然大悟。

复旦大学80年代初出国的学者，大部分是由谢希德送出去的。海外许多学者反映，从那时开始他们才突然接触到许多复旦学者。长期以来"与世隔绝"的复旦大学，也因此在国际上声名鹊起。

"文化大革命"刚结束，当许多人还对"外国"两个字避之唯恐不及之时，谢希德却毫不犹豫地与国外积极联系，把学生送到国外去深造。以后几年，谢希德每年都为考取出国攻读研究生的物理学系学生写私人介绍信，初步估计共有百人以上。这项工作占用了许多宝贵的午休时间，但她毫无怨言。有一次，受一位物理学系学生之托，我请求谢先生为其写份出国求学推荐信，为省时事先将信草拟好。不料却被谢先生重重地批评了一顿。后来才了解到，她给学生写推荐信，都是亲笔写，从来不用别人代劳。这件看似细小的事，却在学生中广为流传，作为典范。

谢希德在复旦大学，曾授予日本著名物理学家茅诚司及诺贝尔奖获得者杨振宁教授复旦大学名誉博士学位，并接待过美国总统里根、巴西吉马良斯议长等国家级领导人。她在国内首创了美国研究中心，并担任中心主任，是中美关系的推动者和中美友谊的播种者。

由于她取得卓越的成就，美国、英国、日本等国的10多所大学向她颁发名誉科学博士证书。1988年，谢希德被选为第三世界科学院院士，1990年被选为美国文理科学院外国院士。

教师谢希德

早就分管复旦大学师资工作的谢希德，把培养学科骨干作为重点，采用破格提升的方法，使一批学科带头人脱颖而出。她的这项工作，为复旦大学后来的人才队伍建设奠定了扎实的基础。

谢希德认为，学科带头人应有较强的组织能力，能影响、带动一批人，指挥、团结一班人协同工作，不断做出成绩。科学的迅速发展，会派生出许多新的学科，其带头人也会不断成长。评一批重点学科，选一批学科带头人，让他们在教学科研中真正起到中坚作用，已势在必行。在谢希德的关心下，学校制订条文，规定给予学科带头人优先参加国内外学术活动，享受学术休假；对工作有突出贡献的，给予越级晋升和增加工资等待遇。从1978年至1981年4年间，学校有66位教师连续两次晋升职称。1985年，为奖励先进，又给全校10名优秀的学科带头人晋升两级工资。这一做法，促进了一批学科带头人的成长。

接着，谢希德会同师资办的同志，大力起用年轻冒尖人才，加快师资队伍的培养速度。学校通过在教研室任职、破格提升、送往国外进修等途径，使许多年轻有为的教师迅速成长起来。工作中有突出成绩的7名40岁以下的教师，被破格晋升为副教授，在当时产生了实际效果和深远影响。

复旦大学的表面物理研究所，曾长期由谢希德教授主持；后来她离开研究一线，由她和同事共同培养的10多名博士挑起了大梁。目前，表面物理国家重点实验室45岁以下的青年学者占60%，其中有12位博士，包括5位教授、5位副教授，实验室的正副主任都还未到不惑之年。近年来，以侯晓远、金晓峰、黄大鸣、资剑等为代表的这一青年群体共在国际、国内发表论文700多篇。在对多孔硅的光学特性的研究中，他们在权威的物理刊物《物理评论通讯》上发表的系列论文更被国际文献引用了160多次，并被列入当年国际多孔硅研究的6大进展。更值得一提的是，实验室已有4人获得国家杰出青年科学基金奖。

生活中的谢希德

人们尊敬校长,因为她平易近人,和蔼可亲;人们信任校长,因为她坚持原则,实事求是。许多人来信反映问题,她总要亲自拆阅,并嘱咐秘书及时回函。上门找她的老师、学生络绎不绝。

早晨,谢希德通常都是先到物理楼科研室,然后再步行到校长办公室的,这段路程虽然距离不远,但有时要花去不少时间。她走不快,但也不是那么慢,用物理学上的术语是,路上的"平均自由程"太短,"碰撞频率"太高,就像高压容器中的分子,运动了很短的距离后,就会与另一个分子碰撞。有礼貌的学生,会说一声"老师好",或投来敬佩的微笑。有些教师希望谈谈分配房子的事,或要求关心一下他们的职称评定之事,把谢希德拦住了。有一次,路上行人特别少,却遇到一位在新闻系进修的学生,他正在进行摄影实习,谢希德被他选为练习摄影的对象,至少耽误了几分钟。

校长关心学生,学生也感受到校长慈母般的爱。在与谢校长的交往、接触中,女大学生更愿意向她反映自己的苦闷和要求。如女学生提出了分配工作难的问题,谢希德对此很重视,关照校毕业生分配办公室,要特别做好女学生的分配工作。同时又要求女学生自强、自重、自爱,用自己的优异成绩,接受国家和用人单位的挑选。还有一些大学生,因犯错误受到学校处分,学生和家长纷纷通过各种渠道来说情,但谢校长坚持原则,总是维护集体作出的决定。她常说:"学校的校规如不能坚决执行,这不但办不好大学,也是对学生不负责任。所以我坚信,严是爱,真正的爱。"

她是堂堂复旦大学校长,著名女科学家,按照她的身份,每天上下班应有小轿车。可是,在接送教师来校上课的大型早班客车上,人们时常看到校长的身影。有人问她,乘坐复旦大学的"巨龙"班车有何感想?

"我觉得这是一件非常愉快的事,在车上既可以提前处理一些公事,又可以借这个机会与同志们交谈,静听各种议论。从校内的事到天下事,都可以成为车内的话题,其中有发牢骚的,但也不乏具有独到的高见。特别有意思的是,车内总有一二位不愿隐瞒自己观点,也不善于窃窃私语的同志,不时发表一通高见,而获得一些同事的共鸣。"教师对学校的意见和要求,就在巨型客车里得到了交流;学校有些重要决策,又通过谢校长的宣传深入人心。

谢希德校长对涉及学校和她本人的文字要求非常严格,强调真实、确切,不希望看到华而不实的情节。有一次,一家报社的记者发表文章,把不是谢校长说的话套在她头上。谢校长非常生气,马上把我叫去:"我口述,你写一封信。"那封信措辞非常激烈,对此事表示强烈不满,而且信直接寄该社总编室,这是我难得看到她生这么大的气。还有一次,某出版社要出一本关于谢校长的书,特地安排一位文字非常华丽的作者。谢希德一听说要用大量的形容词,就说我不要这个作者,你们要写的话,跟王增藩商量,如果他同意我就配合写作、出版。这书最后由我撰写并顺利出版了。

在复旦大学建校80周年时,谢希德深有感慨地说:"复旦大学迎来了自己的80诞辰。我在这里的33个寒暑,只不过是她全部历史的一小部分,但却也是重要的一段,和其他许多同志一样,我很幸运地成为这段历史的见证人。我们为新学科的诞生和老学科的发展而感到由衷的高兴;我们目睹校园重心的转移,她先是从西向东,现在正从北向南发展,跨越了数条马路。我们为校园的扩展感到高兴。复旦大学已像一个巨人,屹立在上海的东北……为了祖国的四个现代化建设,我多么希望变化能更快些啊!我们应该有时代的紧迫感,但也不能过分焦急,我们学会了如何以实事求是的精神,脚踏实地地奔向明天。"

(作者:王增藩,曾在复旦大学校长办公室工作,《谢希德传》作者之一。本文曾收录于《追思·谢希德教授纪念文集》)

In memory of Xie Xide: a great scientist and a dedicated teacher but most of all a most remarkable human being

Peter Y. Yu

In 1983 I was approached by the World Bank to serve as a consultant to the International Advisory Panel, Chinese University Development Project. My duty was to visit the Physics Department of Fudan University in Shanghai and to advise the department on how to upgrade their experimental physics teaching laboratories. I accepted the invitation readily for two simple reasons. Firstly, I was born in Shanghai but I had not been back to Mainland China since my family moved to HongKong when I was four years old. It is always an exciting experience to return to the land where one was born. Secondly I had met some semiconductor physicists from Fudan University at an international conference a few years earlier and they had invited me to visit them whenever I have a chance. Well, here was my chance. I ended up visiting Fudan University on behalf of the World Bank twice, the first time in 1983 and again in 1984. During those visits I met Prof. Xie and we became friends for life. The achievements of Prof. Xie have been documented extensively by her publications and her awards and honorary degrees. Her many students can testify based on their experience of how Prof. Xie has changed their lives as their mentor and teacher. In this article I will recount some of my personal contacts with Prof. Xie and the impression she made on me.

Before I visited China I had no idea what was the status of Physics in China, especially in Condensed Matter (CM) Physics which is my area of research. During my two visits to Fudan University, I was surprised to find that there were substantial amount of research activities in Condensed Matter Physics in Shanghai alone. At Fudan University there was a group working on semiconductor physics and also a very large group in Surface Physics under the leadership of Prof. Xie. In addition, the neighboring Shanghai Institute of Technical Physics was a center for research in Infrared Physics, high pressure physics etc. I quickly learnt from my Chinese colleagues that CM physicists in China can trace their lineage either to Prof. Xie in Shanghai or to Prof. Kun Huang in Beijing. Accordingly they were nicknamed, respectively, the "mother" and "father" of CM physics in China. My impression of Prof. Xie fits every definition of the term: "mother" . Actually Prof. Xie was at that time the President of Fudan University, in addition to her title as the professor of Physics.Before I was introduced to her, I was expecting to find a very firm and stern beaurocrat as one might expect to find in a Communist country. However, I could not be more surprised. Prof. Xie was very soft-speaking and she very quickly put me at ease by her unassuming and warm manners. She was very frank in discussing the challenges her university faces. By her own description, being the President of a university in China was something like being the mayor of a small city. This is a very appropriate comparison because universities in China at that time had to be "self-sufficient" in the sense that the members of the university build their own apartments, run their own food cooperative and even run their own kindergarten, grade school and high school. Running such a small "city" must be a very challenging job. It goes without saying that academic leadership is a must. I quickly learnt that everyone on campus had the highest respect for Prof. Xie. The reason was very simple. She was totally devoted to the university and to all her members, including the students, the teachers (in China, the term teacher carries a lot of prestige, so faculty members are referred to as teachers rather than professors) and every worker. As an example of her dedication to her university, I can recount this story. Prof. Xie once told me that, during the Cultural Revolution, she was sent to wash the toilets in the university buildings.

She considered that as a service to the university so she did her best as usual. She was very proud that people preferred to use the toilets she had cleaned because of their cleanliness.

I enjoyed very much my two visits to Fudan although the living and working conditions were far from ideal at that time. The hospitality shown to me by all members of the university was most heart-warming. During my first visit I stayed in a hotel in town. Everyday I had to commute by taxicab to the campus. Although the distance between downtown Shanghai and the Fudan campus is only a few kilometers, I spent two hours on the road mainly because the streets were so crowded with pedestrians and bicyclists that the car driver had to use the horn continuously. By the time of my second visit the university had started their own guest quarter on campus so I was able to stay on campus. I remember that Prof. Xie made a special trip to visit me at the guest house to check out the place and to make sure that the conditions of my room was acceptable to me. Even my own mother could not have done more for me. One may think that she was simply being a hospitable host to a visitor. But I found that she showed the same concern and care to all her students.

After my first trip to Fudan University, I had the opportunity to visit Shanghai later on several other occasions which allowed me to maintain contact with Prof. Xie. In addition, we met often at a number of scientific meetings, such as the annual March Meeting of the American Physical Society and the biennial International Conference on the Physics of Semiconductors (ICPS). I invited her to visit Berkeley and to give a colloquium at the Physics Department. In 1992 she chaired the ICPS held in Beijing and I served on the Program Committee. Many of the international delegates wanted the meeting moved to another less controversial city while others proposed to boycott the conference. In the end Prof. Xie was able to overcome all the difficulties and challenges and the conference was held as scheduled at Beijing. The conference was well-attended as in previous years. The success of that ICPS was another tribute to Prof.Xie and to the high esteem she was held by all her colleagues around the world.

I will conclude this article with another story about Prof. Xie. She was once interviewed by a reporter from a HongKong newspaper. The interviewer asked about her studies in the US, how she decided to return to work in China with her family and the suffering and hardship her family endured in China, etc. Finally, the reporter asked her if she had any regrets about her decision to return to China. One probably would have guessed what her reply was. However, I was most impressed by the reason she gave for her answer. She pointed that even if your mother were poor she would still be your mother. China may be poor but she will not remain so if there were more Chinese physicists like Prof. Xie.

（作者：Professor Peter Y. Yu, Physics Department, University Of California, Berkeley and Materials Science Division, Lawrence Berkeley National Laboratory Berkeley, CA 94720 本文曾收录于《追思·谢希德教授纪念文集》）

缅怀博大胸怀　弘扬科学精神

顾秉林

谢希德先生是杰出的科学家、教育家，是我国半导体物理和表面物理学科的开创者和奠基人，更为中国高等教育事业的发展和高层次人才的培养作出了突出贡献。在她百年诞辰之际，我不禁回忆起谢先生关心我个人成长及清华物理系发展的几件往事，以此来表达对谢老的深切缅怀与衷心敬佩。

谢希德先生引领我步入
固体物理这一前沿领域

1972年，著名物理学家、清华大学老校友杨振宁先生回国参观时，看到高校停止教学、科研，非常着急，向周总理提议必须要抓紧基础理论的学习和研究。周总理向几所主要高校提出了这一任务，清华大学随即决定创办"固体物理"等四个与基础理论相关的研究班。

我是1965年从安徽芜湖一中考入清华大学工程物理系的，其实入学不到一年就中断了正常的学习。1970年我从清华毕业后留校任教，主要是从事核材料同位素分离工作。我一直非常喜欢物理，但对固体物理还是比较陌生的。这个研究班的成立使我有机会进一步学习，步入固体物理这一前沿研究领域，于是我抓紧补习有关知识。当时接触的第一部启蒙教材正是谢希德和方俊鑫先生合著、1961和1962年先后出版的《固体物理学》（上下册）。我如饥似渴地读了这两本书。虽然有许多地方都不懂，但"固体物理"这一全新的领域却深深地吸引了我，我渴望能进入这神秘的知识海洋，去遨游探索。

1973年3月，我如愿以偿成为固体物理研究班的首批学员。这个班共13名同学，都是来自工科专业。研究班开课之初，大家首先要参考的就是谢希德先生的《固体物理学》。正是这本教材把我们聚集在一起，使我们成为自20世纪50年代高校院系调整后清华变为多科性工科大学以来，第一批开始学习固体物理理论的人。

学校非常重视这个研究班，从校内选派了一批强有力的教师，还请了一大批北大、科学院理论物理研究所和物理研究所的著名导师，具体指导并随时解决我们学习中的问题。这个班在"四人帮"干扰下，1975年曾被迫解散，到1978年才又恢复，并扩招5人，最终我们完成了学业。应当说，这个研究班是非常艰辛但也是非常成功的：这个班成了清华大学恢复物理系的主要基础，同时也为生物系的恢复建立提供了条件。我们这18人当中已有4人成为中科院院士。现在清华大学理科在国内已经有了一席之地，当然，这归功于各方面的努力，但正如柏拉图所说，良好的开端是成功的一半，我认为，首先要感谢的就是带我们踏入固体物理大门的谢希德先生。

谢希德先生热情推荐并亲自安排我参与中美高级访问学者计划

随着改革开放大门的打开，1979年年底，我被选派出国深造，到丹麦奥尔胡斯（Aarhus）大学学习，师从著名固体物理学家、计算固体物理理论及赝势方法的创始人E. Antoncik教授，主要是从计算角度，研究杂质对半导体能带的影响，以及半导体能带结构对杂质局域波函数及能级的影响。不到三年，这一工作取得了很大进展，使我在1982年7月顺利获得博士学位。而后，我立即回到北京，开始参与清华大学固体物理教研组的工作。这时，学校已经恢复了物理系。

1984年我撰写论文，参加了在西安召开的第三届全国表面与界面物理学术会议，会上，谢希德先生致开幕词，并作了非常精彩的报告。她作报告后，与会的许多人都围上去问问题。尽管我心中十分崇敬先生，几次想靠近，却不好意思打扰她，就未上前。令我万万没想到的是，临近会议结束时，复旦大学的一位教师找到我，说谢希德先生要见我。我反复问，"是真的吗？"当得到肯定回答后，我高兴得半天说不出话来！我多么期望见到她，好好向她表达我的真挚谢意：我从读她的书开始，踏入固体物理研究领域，在研究班学习了固体物理，到丹麦读博士以后从事的又是计算固体物理研究工作……谢先生是我事业的领路人，我对谢先生的崇敬与感激之情无以言表。

步入谢先生的房间，第一次与敬仰已久的学者近距离面对面谈话，我非常紧张。谢先生笑着开了头，让我一下放松了许多。她和蔼可亲地与我聊在丹麦学习的情况，并结合我会议文章中研究的内容具体询问我：为什么选择"穆斯堡尔Sn原子"注入元素半导体C、Si、Ge、Sn、Sb以及Ⅲ-Ⅴ半导体中来观察同质异能移的变化？为什么理论计算与实验符合得很好？其物理机理是什么？在一系列较深入的讨论后，先生充分肯定了我的工作。

接着她又向我介绍了中美物理学会关于培养原子分子和凝聚态物理高级访问学者的计划。她说，该计划是1983年开始实施的，北京大学甘子钊、物理所杨国桢、理论所苏肇冰、半导体所郑厚植、南京大学郑有炓、清华大学何元金等已经作为第一批于1983年年底赴美，学习1—2年，1984年年底要组织第二批。谢先生亲切地说："目前的派出人选中缺少计算物理学科的人。而计算物理是与理论物理、实验物理并列的第三个物理学分支，应大力加强这方面人才的培养。你恰好是从事这方面研究，又拿到了博士学位，工作很出色，我准备推荐你参加这一计划。"

听了谢先生这番话，我感到有些意外。一方面能有机会再去美国工作两年，当然是好事。但另一方面，我确实有些为难：一是我作为改革开放后第一批出国学者到欧洲学习，回国还不到两年，工作上的贡献并不大，现在又出去，觉得有些过意不去；二是我研究班的许多同学还都排着队等待出国，应把机会留给他们才好；三是我在美国没有特别熟悉的教授，联系起来会很麻烦；四是清华大学校领导会不会同意也是个问题。所以我对谢先生说："非常感谢您对我的关心、器重和培养，我现在还无法直接做出决定，得再考虑考虑。"

没想到，我回北京不久，物理系党委书记、当年固体物理研究班筹建负责人之一张宏涛老师就找我，对我说，复旦大学校长谢希德先生直接与高景德校长商量，希望我再次出国，参与访问学者计划去美国深造。高校长从清华大学及全国物理学的长远发展出发，欣然接受了谢先生的建议。当我把学校的这一决定告诉谢先生时，她很高兴，并说，"其余的事你就不用管了，都由我来办"。她直接联系了圣母大学（University of Notre Dame）的J. D. Dow研究组，并亲自为我写了推荐信，希望在这一研究组里与K. E. Newman一起研究半导体掺杂的能带结构。正是在谢先生亲自而又细致的安排下，我于1985年又一次踏上了出国深造的历程。

谢先生是著名的物理学家，还是复旦大学校长，却对远在北京、过去素不相识的一个清华大学年轻教师如此关爱有加：亲自出面向清华大学校方提议，直接写信向美国相关学校的导师推荐，还具体为我规划了学科方向，并落实了我将参加的合作研究小组……每当我回忆起这一切，心底无限的感激之情不禁油然而生。我想我个人与谢先生并没有什么私交，她之所以这样主动推荐、大力支持我出国深造，完全是为了我们国家年轻学者的成长、为了物理学的长远发展。谢先生的博大胸怀、无私奉献和科学精神，值得我们后来人好好学习，发扬光大。

谢希德先生关注清华大学物理系的成长

在美国从事了一年多的合作研究后，我再次回到清华大学，1988年被破格晋升为教授。20世纪90年代中期，国家启动了"211工程"，即面向21世纪，在全国范围内重点建设100所左右的高等学校及一批重点学科，使之在教学质量、科学研究、管理水平和办学效益方面都有较大提高，在高等教育改革特别是管理体制改革方面有明显进展，这是国家在世纪之交实施"科教兴国"战略的重大举措。

当时，我已是清华大学物理系固体物理教研室主任，不久又被任命为物理系主任。虽然清华大学物理系在改革开放后有了不小的进步，但比起许多综合大学，还是差得很远。我想，"211工程"建设应该是一个很好的契机，应力争把清华大学物理学科建成重点学科。于是，我们发动全系师生展开了

"再创清华物理辉煌"的大讨论,在此基础上制定了发展规划。我特意去征求谢先生的意见,她与我进行了认真的讨论,并深刻指出:改革的根本目的在于提高教学水平、学术水平和管理水平;一定要抓好教师队伍建设,要鼓励学科带头人脱颖而出,各类人员的比例要适当,层次结构要合理;物理学本质上是实验科学,要加强实验室建设,不要跟风追求文章数量。这些中肯的意见至今我仍然记忆犹新。

后来我们根据各方面意见,反复修改了规划,最终形成了一个物理系的"111"计划,作为院系典型在全校做了介绍。我们创办了基础科学班,努力提高教学水平,加强拔尖创新人才培养;成立了高等研究中心(现高等研究院),努力提高学术水平……经过多年努力,清华大学物理系不但在物理领域已经有了一席之地,也有不少学科成为重点学科。每当回想起这些成绩,我都会打心眼里感谢谢先生,还有北京大学、复旦大学、南京大学、中国科技大学和中国科学院中像谢先生这样全心全意为科学、为国家无私奉献的科学家。没有他们的热情关怀和大力帮助,清华大学物理系不可能取得这么大的进步。

回顾我亲身经历的、与谢先生有关的几件往事,我想最重要的是:学习老一辈学者爱护青年、扶植后辈的博大胸襟,继承老一辈学者献身科学、奉献祖国的高尚情操,在新时代大力弘扬科学精神,为中华民族的伟大复兴和人类文明的发展进步,作出更大的贡献。

(作者:顾秉林,中国科学院院士、清华大学前校长、清华大学高等研究院院长)

怀念谢希德校长

王荣华

谢希德先生逝世已经21年,却依然受到人们的怀念。清明时节,在福寿园遗体捐献者纪念碑下,总摆放着几束鲜花。在谢希德的名字边上,也总是贴着一朵小黄花。

谢校长去世了那么多年,却还是引起人们那样深的怀念。老子《道德经》有言,"不失其所者久,死而不亡者寿"。福禄寿,何谓福?知足常乐谓之福;何谓寿?就是身虽死而"道"犹存,不被人忘记就是"寿"。梁启超曾说,人的肉体寿命不过区区数十载,人不可能长生不老,但人的精神则可以永垂不朽。因为他的肉体虽然消失了,但他的学说、他的思想、他的精神却会长期影响当代及后代的人们。

在谢校长逝世的追悼会上,前来追悼的人很多,龙华大厅里的花圈多得放不下,一直摆到马路上,甚至还有并不相识的人坐着轮椅前来送行。时任市委领导的陈至立同志问我,"谢校长是研究固体物理的,知道这个专业的人并不多,怎么会有那么多人来送行?"还没等我回答,至立同志就自己讲出了答案:"这主要是谢校长的人格力量感动了大家。"

说起谢校长的人格力量,记得当时校办一位主任悄悄跟我咬耳朵,"有的领导布置任务声音大,我们不得不办,但谢校长声音哪怕很小,说一件事,只要我们听到,我们就会跑步去执行"。一个是不得不办,一个是跑步去办,其中的差别不言而喻。谢校长是有腿疾的,但却是复旦校园里一道美丽的风景线。这就是谢校长的精神、人格魅力在发挥作用。

最重要的人格力量是爱国主义。最让我们震撼、感动、钦佩的,不是谢校长的专业、能力,而是其为人,是她始终如一的爱国情怀。

谢校长曾在不同的年代被问过同一个问题："你为什么从美国回到中国？"她也始终用同一句掷地有声的话来回答："我是一个中国人，为中国服务是我的天职。""我是一个中国人"，这是归属，是身份认同；"为中国服务是我的天职"，这是使命，所以谢校长任劳任怨、无怨无悔。

20世纪50年代，正值新中国成立，百废待兴。谢先生面对美国的阻挠和父亲的反对，顶着重重压力，和丈夫曹天钦冲破层层阻挠，绕道英国，回到了祖国的怀抱。当时就有人问她："你在美国有那么高的名望、那么优越的工作和生活条件，你为什么回国？"谢希德回答："因为我是一个中国人。新中国刚成立，我理应为国家效力。"

到了80年代，中国涌现一股出国大潮。大家都想走出国门，到国外读书学习。当时，学生一面请谢校长写推荐信，一面问她为什么回国？许多人不理解，谢校长为什么会放弃美国那么优渥的研究环境，那么舒适的生活条件，回到国内吃苦。而谢校长仍然用同样简朴的话语回答："因为我是一个中国人。我的根在中国，我应该为中国服务。"

不同的时间背景，不同的历史环境，不同的人怀着不同的动机问她，她都是同样的回答："我是一个中国人，我的根在中国，为中国服务是我的天职。"

（作者：王荣华，政协上海市第十届委员会副主席、上海市教育发展基金会理事长）

两 代 缘
——纪念谢希德先生百岁诞辰

柯国庆

一个人的一生都在和别人打交道，人生途中碰到的某些可遇而不可求的人物确实会影响你的生活轨迹。中国人称之为"缘"，人和缘也是我的故事。

认识谢希德先生

我和谢校长相识在1966年，那时，我还是复旦大学物理学系二年级的学生，听说她被隔离在学校里审查。因查无实据，稍后她被解除隔离可以回家了。她的腿因少女时疾患走路略跛也慢，偶尔见到她去学生宿舍灯光球场边的校保健科看病配药。学校里早就停课。雨后萧瑟的阴天，天气又冷又湿，行人稀少冷清，她在学校的主干道"南京路"独自沿西向东慢行。近学生宿舍七号楼北侧道路因地面铺设自来水管道在施工，她或许在想事情，没有留意脚下被猛地绊倒在地。我恰在她后面稍远处骑着自行车，目击此情景赶紧下车走上前把她扶了起来，她摔得真不轻。我和她从来没有说过话，恻隐之心却起，搀扶她站起来往校保健科走。阴雨天路上行人稀少，我一边走一边心里忐忑不安，毕竟她还在被审查中，如果被熟人见到打小报告，又是阶级界限不清了。心中几分犹豫，脚步也迟疑停了下来。看她能慢走，我回头赶紧推起自行车，紧随她身后一两步距离。两人一路无语，渐行渐进，保健科仅数百米距离，我们已到达大门口。她止步对我摆了摆手：意思你不要进去了。目送她的背影，我才长吁一口气，有点无奈也有点内疚，自责胆小，没有勇气陪她去看医生。

第二次和她短暂的交集是在一次学校外事接待活动中，来宾是加勒比岛国特立尼达和英属圭亚共和国总统，参观学校仅剩的科研基地：工人专家蔡祖泉电光源实验室。谢先生虽已经被解放了，临时当翻译，我在校政宣组做摄影员，去现场拍照片记录。谢希德先生站在实验室边用英文不卑不亢、不疾不徐讲述。我心中暗想MIT博士大材小用了。

改革开放后谢先生受到重用，地位日隆。报纸和新闻常见其名字和报道。有一次我去她家送照片（这是一张她很喜欢的半身近照，由《解放日报》摄影部记者拍摄，那位青年记者和她提起认识我。谢先生委托我帮助去汉口路解放日报社取回放大的照片），只见曹天钦先生一人带了围裙从厨房走出来，身后是我平生首次见到的西式小平底锅，他正在烧饭。曹先生语气里有点无奈地说道，她（谢先生）现在成了忙人，整天在外开会。我理解这埋怨是一位真正的科学家最在意宝贵的科学研究时间被占用了。没有多久，曹先生除了继续当中科院生化研究所所长，也成了市人大委员会的副主任，同样要忙于开很多行政会议。谢希德先生平易近人没有架子，她每天坚持坐学校班车和大家一起上班，在车厢里常见她和普通教师谈话。我们这些小字辈的青年教师对她始终保持着一份远远的尊敬。

1983年物理学系作为学校职称评定试点，我和其他青年教师被评为讲师，当了13年助教总算往上升级了。1984年10月经过系里挑选，学校推荐我去教育部外事局作为援外专家，受派遣去南也门（民主也门共和国）亚丁大学数理系工作，职称为讲师，用英语执教三门课："普通物理""近代物理""物理实验"。原定计划两年，因1986年1月南也门政变内乱，我们按使馆安排提前撤离，虽历经艰险，终于回国。学校举行新春团拜会，我被通知参加。谢校长主持，临时点名让我发言。我只说了一句"大年初一清晨被鞭炮声吵醒，以为是在也门听到的枪炮声……"引起哄堂大笑。会议结束，时任新闻学院院长的老熟人徐震一把拉起我的手走到谢校长面前说："我们新闻学院摄影教研室缺乏年轻教师，需要他。"我还没有反应过来，呆呆站着。谢校长善解人意地说"这个要让他考虑后再决定"。事后想想我当然还是情愿做物理老师的，便回绝了徐的好意，此是后话。

两代缘

春节后开学第一天，我把在也门炮火纷飞中撤离时拍摄的照片带给物理学系办公室同事观看，恰好谢校长在走廊经过，闻声走了过来。她边看照片边带着爱护口吻说"那么危险的时候你还在拍照片？"她补充道，当年她从英国回来也是坐船经过红海和亚丁湾的。物理学系主任是我同一教研室的贾启民先生。贾先生安排我担任物理学系外事秘书，同时承担理科外系普通物理教学。此前我在普通物理教研室曾经先后跟随蔡怀新先生、郑广垣先生、周荣豪先生等多位教授做辅导教师。我开始为化学系、生物系、数学系等理科学生主讲普通物理学大课，其中以光学和近代物理为主。

1986年10月英国女王伊丽莎白二世访问上海，伴随访问的还有大型皇家游艇"不列颠号"。这艘五千多吨的大船曾在亚丁湾撤离各国侨民，我当时恰巧也在被救之列。谢校长是上海市政协主席，她受邀请出席在船上举行的英国女王招待会。我委托谢校长带去两张照片，其中一张是当时撤退到船上时和英国皇家海军的合影，另一张是登上该船的中国教师专家组中五位复旦大学毕业校友的照片。谢校长向船长递交照片表示感谢。船长离开中国前还专门复函给我表达他们的高兴和自豪。

20世纪80年代学校在谢校长领导下对外交流频繁。物理学系外事活动尤其多，一大批欧美知名学者来访复旦大学，其中包括李政道、杨振宁、丁肇中等多位华裔科学家。物理学系外事接待工作繁重，我是工作人员，多次参与其中，和谢先生工作接触便多了起来，也目睹了谢校长主导和美欧西方科技教育发达国家的学者及政要积极交往，为复旦大学赢得了巨大声誉。在日常交往中，她一如既往地和蔼，却有不言自威的气质和端庄风度，令人尊敬。她记忆力超强，处事仔细认真；体恤下属，从无厉言疾色的批评。推荐安排学生和青年教师参加国外大学研究院进修学习，介绍信函都是她自己亲力亲为的。物理学系二楼东面谢先生办公室走廊外常有人等候面谈，络绎不绝。她心胸宽厚，爱护青年。有一位青年女教师想去美国伴读，找到谢校长，尽管有传说此人曾参与对谢的批判斗争，谢不计前嫌批准她出国。

自从也门亚丁大学支教回来，我已经在复旦大学工作了五年。1991年学校批准我去德国进修，我获得巴登符腾堡州科学文化奖学金，作为访问学者去了德国南部康斯坦茨大学，师从Dransfeld教授。Dransfeld教授曾在加利福尼亚大学伯克利分校（UC Berkeley）当过教授，做过德国马普所所长，认识谢先生。我在他的实验室学习原子力显微镜，扫描隧道显微镜用于纳米薄膜材料研究。康斯坦茨大学在德国最南部邻近瑞士，周边有欧洲最大的内陆湖泊博登湖和黑森林。1992年夏季由Dransfeld教授提供费用去德国南部古城佛莱堡歌德学院学习德语，我在莱茵河畔的法国、德国、瑞士三国交界地区生活和学习，充分领略了传统德国的文化风情。年底我结束进修，经香港回到上海。当时香港还在英国统治下，入境需要我向在德国的英国大使馆申请签证。邀请信是王兆永先生发的，他在香港浸会大学物理系做系主任。他也是我的老师，曾经是复旦大学物理学系主任。回复旦大学后，我继续在物理学系从事基础教学和科研工作。1996年5月我被评为副教授。是年秋天，副校长方林虎教授，也是我物理学系的老师，力邀我参加他具体负责的校发展与研究委员会工作，于是我离开了曾经读书工作30余年的物理学系，调任该校级办公室副主任，开始长达10年的行政管理工作。这个新设校级部门由杨福家校长亲自领导，学习西方著名大学管理经验，积极从社会上和校友中寻找资源，为大学发展提供咨询规划和服务。我的主要分管工作是联系外资企业和大型国企、民企捐赠，在复旦大学设立奖学金，联络和帮助组建海外校友会。有次因工作去见谢先生，她微笑地说"新官上任了"。

其时，谢希德先生早已从校长位置退下，依旧坐学校的大巴和普通教师一样上班。她在美国有广泛的人脉和声誉，因而得到了美国国会的赞助，在复旦大学创建设立美国研究中心，而她担任了首任主任。谢先生每年3月都会去美国参加物理年会，回来按常例作报告，介绍美国物理学界的最新研究成果和消息。这个报告会常常挤满了人，听众多时只能挤在走廊里听声音，大家即使无法看到PPT投影，也同样地渴望和满足。谢先生德高望重，海内外前来探望她的人接连不断。有位经李政道博士CUSPEA（中美物理考试申请计划）项目推荐赴美留学后回母校访问的物理学系毕业生来看望她，谢先生让我负责接待并安排报告。这个学生在美国加利福尼亚大学圣迭戈分校（UCSD）读完物理博士并在纽约一家医院做定向放射治疗研究。谢先生亲自参与接待工作并询问情况，十分仔细。两年后，谢先生旧病复发入住华东医院，回想起此事，我才若有所悟。

谢希德先生在世时每年春节，各方来宾去她家拜年，似成惯例。1998年我和儿子一起骑自行车去谢先生家拜年，时间选在大年初三下午，顺道还要

两代缘

去看望另一位老师。谢先生了解我儿子就读于上海华东师范大学第二附中，当年这是上海最好的中学。谢先生得知他高一时已经在读前进外语学院，并参加了托福考试，成绩达到600，便询问了解我们申请美国大学的情况。我们答道已经陆续收到了美国几所大学的录取通知书，但是读本科的奖学金还在waiting list（等待名单）没有落实。我们离开时把手套忘带走留在她家了。春节过后开学，谢先生的秘书来找我把手套送回，我有点感动她的细心。秘书让我去谢先生办公室。谢先生从身边的桌上翻出一份文件，说道：这是一个美国中学生的交流项目，她要推荐我儿子去。她解释道：这是在美国首都华盛顿的一家著名的私立高级中学，提供全额奖学金。你儿子在那里读书可以提高英语能力，并能够直接在美国申请上大学。看我迟疑，她解释男孩子多读一年高中，晚一年上大学没有关系，英语过关了在大学里能够更好学习。随后她指点我直接联系复旦大学附属中学的曹天任校长，落实完成申请细节。

回到家里我和家人商量，太太自然不舍得儿子去国外。我们原先对他和同学申请美国大学本科抱着观望态度，自知没有财务能力送他去美国上大学，还是立足报考国内大学。这个由谢先生主导的美国中学生交流计划，每年从中国派遣男女学生各一人去华盛顿的赛维尔友谊学校（Sidwell Friends School），具体落实则在复旦附中。1998年复旦附中已经落实一位女同学参加。我儿子不是该校的学生，需要有华师大二附中批准，由该校校长写推荐信出具成绩证明。我拿了谢先生给的文件和申请表去找华师大二附中校长。华师大二附中稍后同意推荐，并说考虑到对其他学生公平，我儿子当年报考国内高校时对他的推荐和加分优待将取消。这个我们是理解的，如果他去不成美国，就要凭自己的能力裸考第一志愿复旦。

1998年3月过后谢先生访美回来问起我儿子申请的事，我说所有材料已经送交美国方面，谢先生说那就等通知吧。6月下旬，谢先生联系我并告知美国学校有变化，今年该校一个男同学交流名额要给北师大附中了。我们虽有点失望，但也有心理准备。于是我们让孩子排除一切杂念，认真对待高考。后来，儿子成功考取复旦大学。全家快乐热闹，我内心深处近半年的担忧随之一扫而光。

这是一个心情愉悦的暑假，好事连连。8月复旦大学来通知，香港回归

171

后各大学首次要招收内地学生，从当年内地重点大学新生中选拔。儿子被推荐面试获得成功。这意味着他在复旦大学上完一年课后，第二年要转去香港读大学，而且有全额奖学金。此时谢先生因旧病复发已经入住华东医院。我去医院探望，并托谢先生儿子曹惟正告知谢先生我儿子已经考取复旦大学，也谢谢她一直给予的帮助。

8月下旬，突然接到通知让我去医院见谢希德先生。谢先生说美国学校的交流名额又有希望了，要我留意通知。我们收到美国来信已经是9月初，谢先生看了我带去的美国信件要求马上去上海美国领事馆申请签证。回到家中，录音电话里留有谢先生的声音，她关心签证结果。我马上打电话到医院病房，谢先生听完我回答，用英文讲了一句：Congratulations！她叮嘱我要为儿子准备一套好点的西服，有些场合他要用到的。关心的话如同至亲长辈无微不至，我们深深感动。

终于入学哥伦比亚大学

送儿子去美国后，我们和他的联系只能依靠电子邮件和越洋电话，每个月花在国际长途上的费用不菲。稍后听同事介绍互联网已经有微软的语音通话功能，虽然效果差，信号时断时续，但总算节省了话费。儿子在美国的学习经历，常常是我去华东医院探视谢希德先生时她问话的开场白。"他（儿子名字）怎么样？"谢先生依然是关切的。有一次，她面带笑容地问道："你儿子会弹钢琴？""华盛顿的Babara Fant（女士）说（你儿子）在她家里弹了贝多芬的一小段曲，大家很高兴。"我急忙解释那是他在上小学时跟上音附中的老师学的，只有两年，肯定很生疏了。谢先生点头赞许，并说：等（她的）孙女再大些，让我太太教她芭蕾。大家都高兴地笑了。愉悦的对话影响了谢先生的情绪，对她休养是好的，我们都祝愿她尽早康复。5月，儿子来信说他代表华盛顿的赛维尔友谊学校去约翰霍普金斯大学参加数学竞赛得了一等奖，奖杯上面用英文写着JHU 1999 TOURNAMENT, 1ST PLACE INDIVIDUAL CALCULUS。谢先生提到要为我儿子写推荐信，他已经在申请美国大学。元旦，医院给了谢先生两天假期回家，她为我儿子打印了推荐信。我们平时看到她因为疾病腿不能弯曲，常常只能是站立着工作。我猜她打字也是半倚半站着的。去看她时，她提出有一处修改最好我用电脑再复制一份。她写得很满，我用电脑复制了两种版本，一份字偏小些，一张纸就写完了，另一份则写了一张半纸。她看后说："还是这个一张半纸的看起来舒服，（尽管）推荐信一般用一张纸就够。"然后她在信后面郑重地签上了名。

1998年年底美国国家半导体协会为复旦大学捐款，首次以谢希德名字设立奖学金。美国研究中心常务副主任找到我的办公室协调捐赠事宜，并称：谢校长希望能请杨福家校长出席。活动安排在华东医院楼下会议室进行。捐赠仪式傍晚开始，谢先生会见美方代表，杨校长用流利的英语致辞。仪式结束我们护送谢先生回病房，告辞时她说："杨校长很会讲话。"显然她是高兴的。杨校长稍后私下对我们说："这个奖学金数字以后至少要增加个零。"这也成了我们的工作目标。

1999年6月我首次探亲访美出席儿子的高中毕业典礼，行前去看望了谢先生。谢提到如有机会代她问候两位老朋友。在华盛顿我见到了Babara Fant女士。在纽约我拜访了美国校友会老会长章植先生。章老先生询问了学校现况并转达对谢校长的问候。他称自己已经离开母校近70年，还记得李登辉先生，并说和谢校长接触较多，深深敬佩她推进教育，为国尽力，并祝她早日康复。

在华盛顿时我和儿子一起专程去了纽约哥伦比亚大学，他已经收到该校的录取通知书，但奖学金仍在waiting list中。当年哥大学费是四万美元，是全美国最贵的大学之一。哥大学校虽好，但我们没有学费，儿子入学已无可能。只能退而求其次，去了他拿到一半奖学金的另外一所大学——德雷赛尔大学（Drexel University）。

2000年初，谢希德校长的病情日益严重。我和物理学系顾昌鑫教授相约，再一次去华东医院看望，医院已经不容探视。我们隔着玻璃门遥望，远远看见她俯卧在床，头朝着大门。我们默默注视着，突然她抬起了脸，右手上下挥动了一下，她看到我们了。3月4日，谢先生在和病魔抗争数年后，解脱痛苦，离开了爱她的亲人、同事和学生。我们无限悲痛惋惜。谢先生、曹先生终于无牵无挂相聚在天堂。

5月儿子转发来E-mail（电子邮件），哥伦比亚大学工学院管理奖学金的

CHU教授详细了解了他学业情况后,称正在设法让他转学去哥大读书,承认他在Drexel第一年的学分,并颁发全额奖学金从二年级起直到毕业。这个消息真让我们喜出望外,大半年的担忧和焦虑,终于苦尽甘来,看到了曙光。想到已经仙逝的谢先生,只能用这个迟到的好消息来告慰她了。儿子在纽约哥伦比亚大学读本科、硕士、博士,我则成了纽约的常客。

我们两代人怀念和谢校长结缘,巧合的是她和我父母亲同庚。我从15岁到复旦大学校园读书工作直至退休,这大半辈子在复旦大学,听到不少前辈说到谢校长,感喟她一生帮助了太多的人。谢希德先生以她宽厚的胸怀,高尚的品格,超人的智慧,独特的魅力,在所有熟悉她的人心中留下难以磨灭的印象。她在我们心中永存。

谨以此文纪念敬爱的谢希德先生百年诞辰。

(作者:柯国庆,曾在复旦大学物理学系和复旦大学发展与研究委员会工作)

高尚的人格情操　博大的心胸境界
——谢校长百年诞辰纪念

周明伟

在纪念谢校长百年诞辰之际，复旦大学物理学系的老师来约稿，要我写一篇纪念文章，我欣然答应了。和许许多多受过谢校长直接教导、帮助的复旦人一样，此时此刻，都有太多的故事要说。我有幸近距离地在谢校长身边工作过一段时间，特别是在谢校长生命最后的一段时间里，更直接地感受到她那常人难以比拟的高尚的情操、博大的心胸、坚强的毅力，她对祖国、对事业、对生命深深的热爱。虽然谢校长离开我们已经整整21个年头了，但她的音容笑貌和她言传身教的景象常常会一幕幕地浮现在眼前，许多往事依然像发生在不远的昨天。

开拓国际交流　推动事业发展

谢希德的名字，不仅与新中国的半导体物理密不可分，也是同改革开放以来推动国际沟通交流、促进互利合作、传播友谊信任的事业紧紧联系在一起的。

打开国门后，中国的高等教育百废待兴、百业待举。谢校长内心清楚地知道：在保持中国特色、发挥各方积极性的同时，奋力开拓与国际学术界的交流合作，加速各学科与国际前沿的接轨，最大限度地争取国际学术同行的帮助与支持，尽可能创造条件让一批批优秀学者和青年人才跻身国际学术交流的前沿，是奋起直追、缩短差距最重要、也是最有效的路径之一。为此，谢校长一直身体力行、忘我工作，不辞辛劳地奔波于各个国际学术场合，向国际同行介绍改革开放的中国和中国的高等教育，推荐优秀的中国同事和学生及他们的学术成果，同时也带回来最新学术发展动态和研究成果的相关信息、值得借鉴的教学管理经验与模式，以及可能的交流合作机会。

为了能尽快让更多中国的学术机构和学者到国际上参加各种学术会议，并结合中国的国情和国际通行的规则在中国举办国际会议，谢校长在1985年的夏天，邀请了她的一些朋友和举办国际会议的专业人士，来复旦大学参加一个名为"如何举办国际会议的国际会议"，请他们向中国同事介绍：如何策划国际会议的议题和议程，如何筹备会议和安排会务，如何安排会议的研讨和展览，甚至包括国际会议的经费预算和筹措，等等。每个中方与会者都受益匪浅，这对日后在中国组织召开高水平的国际会议产生了非常积极的影响。

在谢校长的带领和推动下，复旦大学积极开展了形式多样的国际交流活动。复旦大学在较短的时间里建立了一批新兴学科和实验室、教研室，并很快成为同国际名校建有校际交流关系最多、在各类国际学术交流中最活跃的学校之一，也是获得各类国际机构支持和资助项目与资金最多，派出学习交流或攻读学位师生数最多的学校之一。谢校长的努力，大大扩展了复旦大学在国际学术界的知名度和影响力，推动了学校的教学科研发展和管理，推动了学校的高层次师资队伍建设和优秀人才培养，为复旦大学顺利通过日后的"211工程"评审，成为一所有国际水准的综合性大学打下了十分重要的、关键性的基础。

对等交流　真诚合作

在复旦大学同国际上数十个高校的校际交流合作协议中，有许多是理应"对等"，但实际并不"对等"的条款，特别是在落实交流协议的过程中，无论是提供奖学金的数量、交流访问学者及交流学生的名额，或是邀请参加国际学术交流的机会、交换实验室的数据,等等,复旦大学大都是得益较多的一方。之所以能够在这种"不对等"的状况下,交流仍然能够顺利进行,当归功于谢校长高超的对外交往能力,实事求是、坦率诚恳的沟通说服能力,以及她特有的、令人折服的知识、智慧、经验和她热情、真诚、善良的人格魅力。谢校长坚定地认为,复旦大学的对外交流,在财力和资源上不占优势,但我们有最优秀的老师和学生,这就是我们对外交流最重要的资本!当时,复旦大学派出的,特别是经谢校长推荐的一批批学者和学生,大都是学习最刻苦用功、最努力上进、各有建树的最优秀的人,这正好与好学校、好项目培养人才所追求的荣誉与成就一致,与国际交流的价值取向和目标一致。因此,尽管当时办学和对外交流的经费是如此之有限,校际交流不得不处于"不对等"的状态,复旦大学依然得到了许多合作方的欢迎和高度的评价,我们派出的老师和学生都享有很好的口碑。这也是谢校长呕心沥血推动交流的实力和自信所在。

谢校长在任期间,承担了大量的国际交流活动,特别是参加国际学术会议和重要的交流合作项目。谢校长选择参加这些活动的原则,除了考虑到学术水平和交流需要外,是否有邀请方的经费支持,是重要的,有时甚至是"决定性"的条件。按理说,作为学校的一校之长,重要出访的费用可以名正言顺地由学校来承担,但谢校长坚持不用学校的钱。她出访的国际旅费和在当地的费用,几乎都是由邀请方或相关学术基金会提供的。之所以邀请方乐意出资请谢校长参加相关活动,是因为谢校长作为新中国第一位女性重点大学校长的传奇经历和她受到国际同行尊重和敬佩的学术成就;是因为她能带来中国学者的声音、中国学者高水平的研究论文和高水平合作研究的机会。对于一些重要的学术年度会议而言,谢校长的出席已经是年会的"标配",她对当时的中外学术交流与合作发挥了公认的重要作用。

谢校长也是在当年非常有限的条件下,依托改革开放的大势和各方的共同支持与努力,抓住一切可能的机会,调动一切可能的因素,在复旦大学建立了全国高校第一个美国研究中心,以及之后借鉴相关模式建立了日本研究中心、韩国研究中心,等等,大大提高了中国高校国际问题研究的水平与能力。

多做工作　广交朋友

谢校长不仅是一位教育家，也是一位卓越的民间外交家和社会活动家。复旦大学当时在上海是外事活动最活跃、最繁忙的单位之一。很多来访者是慕复旦大学的名而来，慕谢校长的名而来。除了同来访者谈学术、谈办学、谈重大的国际国内热点等严肃话题外，她还会以平实简洁而风趣的语言，和客人谈文化习俗、谈美食健康、谈体育赛事、谈电影戏剧。无论话题多么严肃多样，都充满了相互尊重、不卑不亢、有礼有节的友好气氛。而复旦大学的对外交流，也成为上海对外开放和交流的一张名片，成为国际社会了解中国改革开放、推动中国对外经济合作和文化交流的一个窗口。上海的快速发展因为复旦大学的特殊作用而增色，复旦大学因为上海深厚的城市底蕴和快速发展的天时地利而如虎添翼。

在我调任上海市政府外事办公室工作期间，曾遇有多个重要但很敏感、"很复杂、难弄"的代表团。其中一些人对改革开放的中国或严重缺乏了解，或带有很深的政治成见，或有别有用心的政治目的。出于接待经验和效果的考虑，我多次请谢校长出面接待、应对那些"疑难杂症"。那段时间，尽管谢校长的身体状况已经比较困难，但她从未推辞。面对一个个尖锐、敏感、复杂的问题，谢校长总是不卑不亢地认真倾听，有礼有节地耐心说明。她的观点鲜明坚定，但语气温和婉转。她以求同存异、以理服人的强大力量解疑释惑、化解矛盾，每次都取得了良好的接待效果，这些人有的后来还成为中国的好朋友。每一位有机会见过谢校长的人，无论是国家元首、政府首脑，还是科学家艺术家；无论持什么学术观点或什么样的宗教文化背景；无论对中国是什么态度，都会对她谈吐中的学识智慧、气质风度，以及她待人的热情诚恳、谦逊包容留下深刻的印象，都会对上海、对中国有更客观更积极正面的了解。我每陪同她参加一次外事活动，就等于上了一堂生动的课。

"相互尊重、不卑不亢""有礼有节、求同存异""平等交流、以理服人"，是国际交往中，中国共产党人与不同党派、不同立场观点的人士打交道时的重要遵循，是谢校长赢得尊重和友谊、应对矛盾和困难的"法宝"。

这也是我当年在谢校长身边工作耳濡目染、得益最多，对我日后的外事工作影响最深刻的品质和能力。其实，这对今天应对越来越错综复杂的中外关系，特别是中美关系而言，仍有着十分有益的意义。

不拘一格　培养推荐人才

谢校长作为一位伟大的教育家，视选拔人才、培养人才、爱惜人才、用好人才为自己的天职和大学校长融入血液的使命。

为给刚刚起步的改革开放事业培养出合格、高水平的各类人才，谢校长呕心沥血、不辞辛劳。她亲自推荐了许多优秀的学生到最好的学校学习进修、攻读学位，这在复旦大学已是传世佳话。更难能可贵的是，她对青年人既严格要求，又大胆使用，不失时机地为他们的成长进步创造条件，不拘一格地考察、培养他们，并把他们推到改革开放最需要的地方。她不仅自己身体力行，还要求各级领导干部和学校的名师大家当好伯乐，不拘一格，大胆提拔使用政治坚定、业务能力突出、有拼搏精神、年富力强的中青年骨干到教学科研的第一线，到重要急需的领导岗位经受锻炼、担当重任。正是谢校长强烈的责任心和紧迫感，使得1980年代和1990年代的复旦大学涌现出一大批在各条战线挑大梁、也受到各方高度评价的优秀人才。经谢校长推荐，一批资深学者和优秀青年进入国家和地方各级政府机关、学术机构和专业部门，进入诸多国际专业学术机构、政府或非政府组织工作并担任重要职务。有多个专业国际学术机构中的中国面孔，都是首次填补空白式的人选。"这是复旦大学校长谢希德推荐的"，既是谢校长的口碑，也是对被推荐人最有价值的推荐词和高度认可的代名词。

大无畏的战士

我很有幸，在谢校长生命最后几个月的时间里，只要不出差，每天在忙完自己的事情后，无论多晚，都会到医院去陪她一会。眼看着她的身体越来越弱、病情一天比一天重、疾病的折磨越来越痛苦时，我心急如焚，但又无能为力。我能做的，就是每天给谢校长说上十分钟或十五分钟的国内外新闻，或发生在里里外外的趣事。有几次晚上的活动结束得晚，我赶到医院已过九点，连开电梯的阿姨都会埋怨说，你怎么这么晚才来啊，谢校长还不肯睡，一直在等着你。

当病魔侵袭到她的肺部，肺部炎症产生的积液直接影响到她的呼吸时，她每天只能通过无麻醉或最低度麻醉的肺部穿刺抽出积液，以维持呼吸。看着那硕大的针筒针头，谁都会不寒而栗，但医生和护士都告诉我，谢校长难以想象的坚强，每次做穿刺，她都只是咬紧牙关，紧闭着眼睛，一声都没有哼过……因为反复的穿刺和背部的感染，谢校长已经无法仰卧平躺，只能保持着侧卧的姿势，无法动弹。在我的再三请求下，医院同意在抽液时让我进病房陪一会谢校长。那天，院长陪着我，穿上无菌服进入病房。站在病床前，我根本不敢看一眼穿刺的过程，只是紧紧握着谢校长的手。看着谢校长强忍的痛苦，心如刀绞，几次想让谢校长喊出来，也许那样能减轻一些痛苦，但谢校长完全没有理会。不一会儿，护士大声说："好了，抽好了"，我才敢松一口气。谢校长此时已完全像虚脱了一样。过了好一会，她仍然紧闭着眼睛，但摊开我的手掌，示意要写什么。当看到谢校长写完这个字后，我简直吓坏了，但立刻镇定下来，佯装没有看懂，并说了几句不相干的话。这时谢校长微微睁开眼睛，用力瞪了我一眼。我再也控制不住眼泪，她从来没有用这样的眼光看过我。我几乎用失态的声音说：您鼓励那么多有困难和有病痛的人坚强地活了下来，您自己一定要有信心……但谢校长一直闭着眼睛，到我离开病房时都没有理会我。

她就是这样一个用特殊材料制成的人，视死如归。

谢校长就是一个传奇式的人物。她禀赋极高、智商过人，但比常人更刻苦勤奋；她看书一目十行，阅读能力极强，但更在意提纲挈领、独立思考；她学问深厚、日积月累，但讲话授课能化繁为简、深入浅出；她身居高位，但平易近人，从来没有空话套话；她学识过人，在有些学科方面是开山鼻祖，但仍不耻下问、诲人不倦。

谢校长的一条腿行动不便，常常只能侧身坐在椅子上。有时开会或会见外宾的座椅不合适时，她连坐下或起身都很费劲，但她永远是精神抖擞的。

她的服饰衣装谈不上豪华，但始终是那么得体讲究。一枚小小的胸针，一条不同花纹的围巾，会随着她明亮浑厚、清晰简洁的话语声，无论在哪都吸引着人们敬佩的目光。

一个走路都比常人困难的人，无论是攀登学术高峰的艰辛，还是开创新学科建设的曲折；无论是面对病痛的百般折磨，还是在政治运动中身心受到的屈辱冲击，谢校长都能以非凡的顽强和毅力，坦然应对，从不放弃自己的追求，从不后悔自己的选择。她一生都在和时间赛跑，一生都在和命运抗争、合作，一生都在深厚的情怀和崇高的境界中奉献着自己生命的每一点光和热。

正如有一位老师在怀念谢校长的文章中所说：她走在我们前面，她活得比常人精彩。

她用一生，谱写了这曲蔚为壮观、极不平凡的"命运交响曲"。

她注定会在复旦大学的历史上，在中华民族一代代自强不息、厚德载物的史册中，留下永恒的印记。

她生命的光芒永存，她永远活在我们心中。

（作者：周明伟，毕业于复旦大学国际政治系，曾担任过复旦大学校长助理兼校办主任、外办主任，上海市人民政府外事办公室主任，中共中央台湾工作办公室、国务院台湾事务办公室副主任，中国外文出版发行事业局局长）

追　思
——回忆母亲谢希德

曹惟正

打开2000年第2期《上海画报》，妈妈慈祥的笑容又展现在我眼前。"人生乐事在奉献"——七个醒目的大字，正是妈妈的座右铭和一生的真实写照。她把一生无私地献给了中国的科学教育事业，献给了上海的建设事业，献给了她工作了48个春秋的复旦大学，献给了和她同甘共苦几十年的父亲。最后，为了人类能早日攻克癌症，她又将自己的遗体献给了中国的医学事业。

为祖国的半导体事业奠基

1952年，新中国成立不久，妈妈和爸爸怀着一颗爱国的赤心一同从国外回到中国。爸爸到中科院上海生物化学研究所任职，妈妈也开始了她在复旦大学的教学生涯。

到复旦大学后，妈妈马上就担起多门基础课的教学任务。当时新中国成立不久，教材不全，妈妈自己编写讲义、讲课、改作业、改考卷。在开设多门课程的同时，她逐渐开始为建立新中国的半导体事业做准备。1956年，中国第一个半导体专门组在北京成立，妈妈和北京大学黄昆等教授担当起培养中国第一代半导体物理学的学生和研究人员的重任。当时，我出生不久，为支持妈妈的工作，爸爸毫无怨言地承担起既做爸爸又做妈妈的双重责任。为

了能让妈妈看到爱子成长的每一步，爸爸给我拍了许多照片。有一次，妈妈看到爸爸附在信中的一张照片中，我的小鞋子上的鞋带没有系好，她开玩笑地在回信中说爸爸"失职"了。

在北京的两年中，妈妈和黄昆教授合编的《半导体物理》问世了。此书在后来的很长时期内为中国半导体物理专业学生和研究人员的必学之书。四年后，妈妈和方俊鑫教授合编的《固体物理学》上下两册也先后出版。这套教科书也成为学生学习固体物理的基础教科书。

在回到祖国后的头十多年中，妈妈为中国的半导体教学、研究、产业等领域培养了一批又一批的骨干。

外文书店的常客

爸爸回来后，家里的气氛快慰一些。虽然爸爸妈妈仍然不能回到热爱的实验室和讲台，但他们又能在一起生活，又能在同一张办公桌上工作了。每天晚上，他们的工作灯光一直到10点多才熄灭。1972年后，妈妈逐渐地恢复了工作。为了追回失去的时间，妈妈拖着虚弱的身体，到处收集新资料，买新书。当时很少人问津的上海外文书店，几乎每个周末都可以看到爸爸妈妈的身影。他们不是去购买最新的专业杂志和参考书，就是去订阅即将要出的新书和新杂志。后来书越买越多，我就成为爸爸妈妈的采购员。天长日久，只要我一进书店门，营业员会主动地告诉我，你妈妈爸爸订的书来了，现在上海家中几个书橱中的专业书，有相当大一部分都是在那时购买的。

妈妈将新书中有关国外半导体物理和集成电路方面的资料，精选出来编成新的讲义。为了给年轻教师上英语专业课，她亲自在家用打字机一页一页地打讲义。有时我看她又要准备讲义，又要打字，时间来不及，就帮她打一些文章。也就是在这段时间内，妈妈将她的研究转向了表面物理。

不能"赶走"我的客人

1976年"四人帮"倒台后,中国知识分子迎来了科学的春天,妈妈和爸爸也逐渐恢复了他们各自的科研教学工作。特别是妈妈,她以顽强的毅力克服第三次癌症化疗副作用的影响,将全部的身心投入到重建中国科学教育事业中去。妈妈的工作担子越来越重,来家中找她的人也是越来越多。为了让妈妈能好好休息,我和爸爸常常在门外为她挡驾。她知道后很不高兴地对我们说:"你们不能'赶走'我的客人。"那时,妈妈每天坐公交车上下班,到家较晚,有时客人来时她还没到家。记得在妈妈第三次化疗的后期,每次从肿瘤医院打针回来,药物副作用使她恶心呕吐,人虚弱得只能卧床休息。即使在这样的情况下,她还坚持见客。有几次,趁妈妈蒙眬入睡时,我和爸爸还是将客人挡驾了。复旦校领导知道有许多人来家中找妈妈后,出了一个通告要妈妈贴在家门外,请大家不要到家中来打扰。妈妈将通告拿回家后就放在一边,并叮嘱我和爸爸:"这张通告无论如何也不能贴在门上。只要是找我的,就让他们进来。"在她担任复旦大学校长和上海市政协主席后,她热情在家接待客人的习惯从未改变过。

慈母和严师

"文化大革命"期间,妈妈精神上受到极大的折磨,特别是爸爸不在家的那三年。但她时刻没有忘记母亲教育子女的职责。有个周日,她出去洗头回来,从包里拿出一套单管半导体收音机的组装零件对我说:"你从小喜欢动手做船模,现在应当学学装收音机,我自己没有装过半导体收音机,但可以给你做些理论上的指导,你我来一个理论和实践相结合。"就这样,我在一位中国半导体专家的亲自教授下,开始学装收音机。每当我遇到困难,妈妈总是耐心地和我一起分析问题,找出线路问题。有时她搞些计算,从理论上来帮我。当我装的收音机传出音乐声时,妈妈笑得比我还高兴。在装了单管机后,我又在妈妈的指导下装了四管和八管的晶体管收音机。妈妈在教我装收音机中忘却了她不能正常教学的痛苦,我也从中得到了分析问题和动手做实验的训练。

我是爸爸妈妈唯一的孩子,家庭条件也比较好,但父母对我从小就有很高的要求。住在建国西路时,每个月我都要将楼道打扫一遍。每次院里大扫除时,他们总叫我去参加。晚饭后,将厨房的垃圾拿到楼下去倒掉是我的任务。虽然我们家有保姆,爸爸妈妈总让我帮阿姨做些家务事。家中前后用过几个阿姨,爸爸妈妈都将她们当作自家人。"文化大革命"前,庆娥阿姨的儿子宝康每次来上海,爸爸都带我和他出去玩。妈妈也给宝康买新衣服和学习用具。对后来的桂英和雅琴阿姨也是一样地当作自家人。

"文化大革命"中,妈妈爸爸常常叮嘱我,不要放弃学习,抓紧时间学数学等学科,学校里不教,你应当在家里学,虽然你现在没有可能进修或上大学,将来总会有机会的。在家中,妈妈自然成了我的数学和物理老师,爸爸成了我的语文和英文老师。1977年年底,爸爸妈妈的预言验证了:高考又恢复了。我通过了第一次高考,进入复旦大学学习。四年后,又来到了美国开始新的学习和生活。

慈祥的奶奶

1990年,我女儿科林的出生,给妈妈平时繁忙的生活增加了许多欢乐。她每次到美国访问时,总要到我们新泽西的家停留几天,看看心爱的孙女。在林林(科林的小名)四岁的那年春天,妈妈在参加了美国物理学会的"3月会议"后,到我们这里小住了两星期。在这十几天中,妈妈就像当年给我讲故事一样,给林林讲故事,并开始教小孙女认字做算术。在奶奶的启蒙下,林林从小就喜欢看书。1997年和1998年夏天,林林到上海和奶奶过暑假,妈妈请了当初教我弹琴的徐祖颐老师来家教林林弹琴,还给林林每天出题做功课,甚至在1998年8月因癌症第四次复发住院前,妈妈还提前给林林出好作业题。妈妈住院后,常常打电话回家询问孙女弹琴和做功课的情况。

林林回美国后，妈妈通过计算机，每星期都给在远方的孙女布置作业。林林做完作业后，将答案用电子邮件寄回给奶奶。万万没有想到，妈妈在1999年12月中旬寄来的二元一次方程的数学题作业成了给心爱的孙女的最后一篇作业。

再见了，亲爱的妈妈

1998年的夏天，在妈妈第三次战胜癌症的22年后，无情的癌症第四次侵入了妈妈的右乳房。由于发现得较晚，癌症已转移到右腋下的淋巴。在这样的情况下，妈妈非常冷静。她和过去三次一样，积极配合医生治疗，和癌症展开了又一次的搏斗。在住院期间，她没有停止工作。她人在病房，心在四方。妈妈继续修改审阅文章，接待一批又一批的客人，每天都是忙忙碌碌的，一点不像一个身患绝症的病人。身体状况稍有好转时，她就要求回家。在医院中，老朋友杨念祖、黄定中教授送给她的那台笔记本计算机，成为妈妈和外部世界联系的工具。在妈妈病情加重卧床不起后，我在1999年1月和2月回上海时，发现妈妈的电子信箱内有数百封信件。

手术后，妈妈开始恢复得还不错。1999年夏天还抱病去北京参加科学院的学部大会。国庆前也出院回家休息了。我们真希望奇迹能再一次发生，妈妈可以回到正常的工作生活中来。可是，无情的病魔终于占了上风。1999年12月妈妈回到华东医院后，病情不断恶化。新年后，她再也没能坐起来。在妈妈最后的日子里，她以惊人的毅力，忍受着治疗的巨大痛苦，从来没有叫过一声。华东医院的医生和护士对我说："你妈妈是我们这里最顽强、最没有架子的模范病人。"

2000年3月4日晚，妈妈永远离开了我们。

> 希圣希贤领学风，
> 德慧术智集疲躬；
> 女流从此亦强者，
> 杰出中华举世崇。

追 思

  这首厦门大学美洲校友会的校友们多年前赠给妈妈的诗就是对妈妈平凡伟大一生的最好评价。

  亲爱的妈妈,您安息吧!我们将永远永远怀念您!

  (作者:曹惟正,谢希德先生之子,本科毕业于复旦大学物理学系。本文原载于《谢希德文选》《追思·谢希德教授纪念文集》,收入本书时有删节)

妈妈教我装半导体收音机

曹惟正

我读中学时，正赶上那个混乱年代，中学是没有系统教材的，所有正规的数学、物理等课程都没了。物理和化学课都变成了"工基"（工业基础课），生物课变成了怎么区分小麦大葱的"农基"（农业基础课），数学也只学最基本的内容。由于班级同学能力的参差不齐，老师教学也困难，当时上课就是在混日子，根本学不到东西。看到这个情况，妈妈心里非常着急，为了不荒废我的学习，她要我去上海旧书店买"数理化自学丛书"回来，后来又在外文书店内部门市部买了 （《英语900句》），在她的指导下我在家自学。她对我说，数学知识和英语能力是要经过长期努力积累才能学好的，所以要一点一点扎扎实实地学才能见到效果。同时为了培养我动手和分析问题的能力，妈妈开始让我学着装半导体收音机。她在周日去洗头时，亲自到在淮海中路上的无线电商店为我买了装一个简单的半导体收音机所需的二极管、三极管、电阻、电容、变压器等零件，另外还为我买了万用表、电烙铁等工具。妈妈在一个练习本上为我写下装半导体收音机的第一课：半导体管 国产半导体器件的命名法（见图1）。

接着又教我怎样用万用表来鉴别三极管的性能（见图2）。

就这样，在妈妈的指导下，我开始组装只能用耳机听的单管收音机。我清楚地记着，当耳机里传出中央人民广播电台的声音时，妈妈微笑地对我说："我们理论和实践结合出成果了。"随后，妈妈开始指导我安装更为复杂的四管半导体收音机，同样是她画线路图（见图3）我来装。

可装一个四管收音机要比单管难多了，在装的过程中我曾遇到过不少问题。第一次接好所有零件，可喇叭中只有沙沙声，收不到任何电台，找了

妈妈教我装半导体收音机

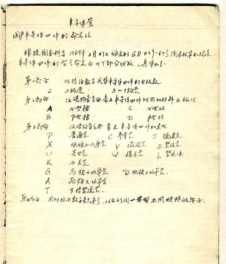

▲ 图1

▲ 图2

▲ 图3

半天原因就是不知问题在哪。妈妈告诉我没有一件事情是一帆风顺的。有了问题就需要去分析，找出原因，然后找出解决方法。她说她自己从来没有装过半导体收音机，虽然她能从理论上来帮我分析问题的原因，找出解决问题的具体方法还是要我自己在实践中去摸索。就这样，翻来覆去经过几个星期的努力，我在一位半导体物理学家亲自指导下组装的第一台四管半导体收音机终于收到电台声音了。这次妈妈面上的笑容更多了，她知道儿子又往前走了一大步。我知道这给当时心中承受巨大压力的妈妈来说，是一个很大的安慰。

妈妈通过装收音机让我懂得：许多事情是要从最基本的学起，要有耐心，要学会分析问题，然后找出解决问题的办法。这段经历，的确为我以后在复旦大学的实验课、博士论文的实验设计、工艺验证等打下了一个基础。装半导体收音机让我体会到：妈妈不仅是一个要孩子多学知识的母亲，她也是我人生路上一个严格的老师。

（作者：曹惟正，谢希德先生之子，本科毕业于复旦大学物理学系）

In memory of my grandmother

Karen Cao

It was always a marvel to me that Grandma was famous. When I was a little girl, spending summer vacations in Shanghai, I would often meet family friends or colleagues who had endlessly complimentary things to say about Grandma. They would share stories about how she had established academic centers, written well-known books, given legendary speeches, helped innumerable students in higher education... the list of accomplishments went on. Everyone was full of stories about Professor Xie, President Xie, and Madam Xie.

To me, though, she was just Grandma. As a child, of course, I understood nothing about solid-state physics or the Chinese higher education system—as a result, many of her accomplishments seemed impressive to me, but were somewhat separate from what I saw when I looked at her. She was my gentle grandmother who would watch silly TV dramas with me and sit next to me on the piano bench during my lessons. She would tell me stories of her past and also my Dad's childhood, and speak with me in English whenever we wanted to secretly conspire and hide what we were saying from others. She also had, unsurprisingly, a core of steel underneath that soft-spoken surface, and I recall that she never hesitated to enforce math lessons on me.

If there was one thing about Grandma's public persona that did resonate with me, it was this: she was the first woman president of a major university in China, among the first women to receive her Ph.D. from MIT, and she was an immensely talented female physicist. More than that, she was all of these things in an era where levels of female representation in higher academia and science, technology, and mathematics were woefully low. It was clear to me that my grandmother never let her gender, or frankly her disability and illnesses, get in the way of her many accomplishments. I have tried to take that confidence and conviction with me throughout my own life, knowing that she paved the way for many glass ceilings to be broken.

Most importantly, Grandma has always been my role model for the legacy I hope to leave in life. It is impressive enough to leave a flawless academic and professional legacy, one that has buildings named after you, degrees granted in your honor, and exhibits celebrating your life even decades after you have passed. But it is another thing to live on deeply in so many loved ones' memories, not just because she was a famous academic, educator, and physicist—more than that, she was a wonderful and selfless human. She was a devoted wife, a beloved mother and grandmother, and a dear friend and mentor to many. She is still very much loved and missed to this day.

（作者：Karen Cao，谢希德先生的孙女）

师恩篇

甘为人梯，提携后学尽展才

一位物理学界的女杰

王　迅

谢希德先生是一位科学家、教育家,又是一位社会活动家,她对社会的影响是非常非常广的,这样的人物是很少有的。我想,我对她最最深刻的认识是,她怎样做一个科学家、一个物理学家,她怎么对国家作出巨大的贡献。因为我觉得在许多对她的介绍、报道以及回忆她的各种各样材料里,对这一点表述还不多。物理学界可能不太会表达,另外有些专业可能也比较深奥一些吧,许多人在这个问题上谈论不多。我想借此机会稍稍谈一点。

在2000年3月16日举行的遗体告别仪式上,上海市委宣传部拟定的谢先生生平介绍里面有这么几句话:谢希德先生是我国在半导体物理学方面的开拓者之一,又是我国表面物理学的先驱者和奠基人。她在半导体物理和表面物理学科的很多国际机构中担任了重要职务,是我国在国际上这些学科上的代表人物。这些话概括了她在科学上的贡献。我想我跟随谢先生将近48年,我从做她的学生开始,就是这一段评价的最好目击者、证人。从这一评价中可以看出,国际上也都认为,她是一个伟大的物理学家,是Great Physicist,不仅是Great,而且是Famous。

我国半导体试验在20世纪50年代以前没有,是在1956年根据国家自然科学第一个科学发展15年规划,才建立这个学科的。当时指定北京大学、复旦大学,加上全国其他几所高等学校在北京大学成立了一个联合半导体专门组。那时谢先生刚刚生了她的儿子不到半年,就抛开了家庭,带领复旦大学的一些老师和学生到北京大学一起共同创立半导体专业。当时说是五个学校联合,实际上主要是北京大学和复旦大学。这一个联合半导体专门组培养了我国第一批的半导体学术骨干。他们在那儿开创的半导体事业一直延续到现在。我们现在可以这么说,国内半导体无论在教学、科研甚至在企业领域里,很大一部分骨干力量都是谢希德先生和北京大学黄昆先生的学生。这对我国半导体事业的发展作出了非常大的贡献。现在像上海的贝岭、九〇九华虹集团招收的很多年轻人,其实这些人追溯他们的老师或老师的老师,最后都是谢先生和黄昆先生所培养出来的。由于她的努力,半导体这样一个学科在复旦大学就建立起来了,而且在"文化大革命"以前成为国内的相当重要的基地。那个时候没有改革开放,同国外交流很少,但是外国人一到复旦大学,看到半导体物理实验室,都非常钦佩,都拍了照回去宣传。所以说,她是我国半导体物理事业的开拓者,这确实有历史来证实。

在"文化大革命"中,我们停顿了10年。在"文化大革命"结束后,谢先生第一个站出来提出要开展表面物理的研究。这是国际上刚刚新兴的一个学科,国内一无所知,我们谁都不知道。当初物理学界有一个说法,说"文化大革命"时我们睡了10年觉,一觉醒来发现在物理学领域出现了一片森林,以前没有。这片森林是什么,就是表面物理学。由于她的倡导,在复旦大学开始建立表面物理学这样一个学科。经过将近20年的努力,这个学科已经成为我国表面物理学研究的基地,而且在国际上已有相当大的知名度和影响。许多国际专家看了回去写报告说,谢希德校长所倡导以及开拓的表面物理学,在复旦已经取得了相当的成就。所以说谢先生是我国表面物理学的先驱和奠基人。这句话不仅仅是我们可以这样说,一些美国的著名学者,包括诺贝尔奖获得者、华人崔琦,他曾经就这么说:谢希德就是中国表面物理学的先驱和开拓者。我想这是对她贡献的评价。她本人在科学上所作的贡献,可能深远地影响了几代人。所以我在学校里对记者说,应当说谢先生始终站在科学发展的最前沿,她对国际新的动向是非常敏锐的。她每年要去参加一次美国物理学会的"3月年会",她要把那边最新的一些动向介绍给我们。每一次参加会议回来,必定在复旦大学作一次报告,介绍新的发展动向。我想这个作用是非常巨大的。我是谢希德教授生前最后一名推荐为中科院院士的。我被选为中科院院士,在我个人生涯中是一个很重要的事件,也是人生中的一个转折。但使我最痛心的是,我成为她最后一个推荐的院士。她在华东医院的时候,在1998年开刀以后,曾说1999年有两件大事,两个心愿。一个是去参加1999年的美国物理学会年会,即"3月会议"。这正值美国物理学会成立100周年，国际物理学界仅诺贝尔奖获得者就有十几位参加。她很愿意去参加，而且国务院的批件已经下来了。不幸的是她在春节前开了一些会后，感染发烧，体质下降，她没能去。第二件事就是一定要推荐我成为中科院院士。她和其他的院士讲："我如果这次不能把王迅推荐为院士的话，那是我的终生遗憾。"在11月份开院士会最后选举的时候，尽管有很多物理学界院士、朋友都和她说，其实你不去也没关系，我们会帮你争取，但她还是不放心。学校里她跟校长表示她一定要去。去了以后她是非常谨慎的，生怕在评选中再出一点点纰漏。尽管身体不好，她还是去了，最后要来完成她的心愿。后来她跟我说："现在你选上了院士，但是接下来，你应该继续不断地把我们年轻的一些人推选上去。"她把推荐年轻人这个事情就托付给我了。我已经66周岁，过了退休年龄，但谢先生嘱托给我的，以及她所开创的半导体物理和表面物理事业，在复旦大学，在全国应把它推上更高的高峰。现在我不敢懈怠，也不能停息。尽管我年老体衰，但是我觉得谢先生的嘱托，我必须完成，要继续开拓她生前所开创的这个学科上的新领域，尽管我所能起的作用有限。谢先生离开了我们，对我们的损失是无法弥补的。我现在能够做的，就是尽我有生的努力，把她开创的事业一棒一棒传给我们年轻一代人，使她的遗愿能够实现。

（作者：王迅，中国科学院院士，复旦大学物理学系教授。本文原载于《师表·回忆谢希德先生》）

深切怀念恩师谢希德先生

黄美纯

2021年是谢希德先生诞辰100周年,我感到这是极不平凡的一年。为什么?因为头脑让我回到40年前(1981年)——厦门大学建校60周年时,特邀请厦门大学杰出校友卢嘉锡、谢希德和陈景润等许多科学家和知名人士参加庆祝会。会上,谢先生的演讲回顾了厦门大学60年来,特别是抗战时期内迁长汀艰苦奋斗办学的历史。谢先生既祝贺厦门大学建校60周年,还特别提到自己的年纪与厦门大学建校及中国共产党建党都是60周年。所以,今年我们也要为党成立百周年和厦门大学建校百周年祝贺。

早在1956年,根据周恩来总理12年科学发展规划,教育部在北京大学创办了北京大学、复旦大学、南京大学、厦门大学和吉林大学五校联合半导体专门化培训班。由北京大学黄昆教授和复旦谢希德教授领导的教研室,为我们安排了"半导体物理学""半导体工艺学""半导体器件物理"等崭新课程的学习,我从此得到黄昆和谢希德这两位半导体先驱的教导,内心感到无比荣幸。

倾听谢先生的讲课特别令人兴奋,讲授的内容基本上都属于半导体物理的最新发展和最前沿的工作。为了让学生能更深入广泛理解课堂讲授的相关内容,谢先生每堂课都会开出一些重要的参考文献目录,严格要求学生细读这些参考文献。例如关于电子与空穴的输运理论,用到的数学理论和公式比较多,谢老师都会明确提示阅读参考资料时必须注意之点。当时没有课本,需要到图书馆查文献,也没有复印机,必须记录在自己的笔记本中,由于复本很少,阅读参考书或参考文献,经常处于必须抢阅的状态。为了加深对课堂学习内容的理解,我还让当时在国外的父亲为我寄来老师开出的几本参考书，其中包括萧克莱的《半导体中的电子与空穴》，派尔斯的《固体理论》和斯莱特的《原子与固体的量子理论》等英文原版书。在课余复习讲课内容之后，就阅读这些参考书，既能加深理解专业课程内容又提高了阅读外文书刊的能力。

1958年我修完北大五年制半导体专业课程毕业后，被分配回厦门大学物理系参加筹建半导体物理专门化。一直到改革开放前，虽然我基本上都在从事与半导体有关的教学和科研工作，但是，除为本科生承担半导体物理或固体物理等教学工作外，并没有固定的科研方向。这一时期的主要思想就是服从需要，领导或老师叫干什么就干什么。例如1960年，我参与厦门大学化学系研究聚苯烯腈热转换物有机半导体，又准备出国留苏，后因"反修"开始，出不了国，于是学校安排我到复旦大学谢希德老师门下进修，主要学习《群论》和《半导体理论》（1962—1964）。当时谢老师在教研室为研究生上课，一起听课学习的有陆奋、薛舫时和我。进修过程中，也进行一些固体能带计算工作。记得当时谢老师让我用APW方法具体计算六角结构的Se与Te的能带结构，我已经推导出久期方程中的所有矩阵元的非常复杂的表达式，可是带到上海大厦当时唯一的一台电子管的计算机上进行运算时，才发现该机内存太小，根本无法给出数值计算结果。

1964年我从复旦大学回厦门大学后正好遇到化学系举办教育部委托的催化讨论班，该班先后邀请卢嘉锡院士和谢希德院士分别讲授"群论及其在量子化学中的应用"及"群论及其在固体物理中的应用"，我被指定作为这两个课程的助教，负责上习题课和批改作业。课程结束后，按当时社会形势的要求，参加了赴闽西的社教运动，之后（1970—1972）我又被下放山区当农民，两年多时间与物理完全无缘。1972年复课我又能回到学校，为了适应当时"教育革命"要求，一度下工厂按照工艺需要重新编写讲义。回校后我主要从事针对工农兵学员的教学工作。

在我这一生中，特别值得回忆的是1981年发生的事，因为就在这一年，在谢老师的关爱和推荐下，我到了美国西北大学进修学习。当年正是改革开放后，首次（于1979年）被派遣的50名留学生即将回国，将大幅增加派遣名额的时期。当年4月份，厦门大学建校60年大庆，厦门大学派车让我到火车站接谢希德先生回校参加校庆。在回校的车上，谢老师告诉我，她遇到厦门大学副校长蔡启瑞教授,知道学校计划送我出国留学,问我想到哪里。我表示对固体能带理论研究依然感兴趣,对此,美国的西北大学Freeman课题组和加州大学Cohen课题组都是非常理想的地方。谢老师非常热情,马上为我写推荐信给上述两个单位的教授,并告诉我,参加学校校庆之后她会到北京参加科学院院士会议,然后赴美国访问。谢老师是得到许多美国同行学者尊敬的科学家,Freeman教授就是当时谢老师在MIT时的学弟。出乎意料,我很快就收到Freeman教授的邀请函,1981年年底就加入Freeman研究组工作了。

在美国西北大学Freeman研究组的两年多,我学习了密度泛函理论(DFT)并初步从事凝聚态理论和计算物理的研究工作。这一阶段的学习和训练,为我1984年初回国后的教学奠定了基础,也为之后的科学研究确定了方向。简单说,这个方向就是以DFT为框架,开展第一性原理(亦称从头算)的固体电子结构计算。当时,先后从西北大学Freeman研究组回国的还有物理所、北京大学、固体所和复旦大学的老师。众所周知,在我们回国之前的80年代初期,国内进行能带结构计算的主要方法是经验的或半经验的Hückel方法,这种方法简单,但依赖于实验参数,只能对已知的体系进行研究。因此在国内推广无须实验参数的、基于DFT的从头算法就非常重要和必要。

我从Freeman研究组回来后,首先应谢老师邀请到复旦大学进行汇报式的学习报告,展示了相关的计算软件。在准备报告的过程中,我得到谢老师的多方指导,把报告内容做得更加重点突出、简单明了。后来也不知道什么原因,竟然有许多单位感兴趣邀请我,那个时期成为我对外学术交流的巅峰。我先后在北京大学和清华大学进行介绍。在清华大学是应王崇愚院士之邀,连续在2003至2005年三个暑假进行系统的DFT理论及其应用的报告。之后,2006年,国家自然科学基金委在贵州大学举办西部理论物理讲习班,主要为西部四省(贵州、云南、广西和四川)的青年教师和研究生授课。先后应邀的还有理论物理所的郝柏林、复旦大学的陶瑞宝、南京大学的邢定钰等。由于我讲的DFT理论及其应用是当时许多同行感兴趣又想马上拿来用的内容,过后我的部分PPT就被来听过课的有关人员(至今我不知道是谁)放到网上与人共享,至今网上依然可以查到。

此后，中国科学院物理研究所、北京大学、复旦大学、厦门大学和中国科学院固体物理研究所等单位成为国内最主要的利用DFT理论研究固体电子结构的中心。其主要成员都来自美国西北大学，因此，也被许多人戏称为"西北帮"。如果说这些西北帮学子对我们国内的电子结构"从头算"曾经有过一些贡献的话，还是应当归功于父辈老师们的严格要求和谆谆教导。

时间荏苒，几十年过去已经物是人非。在纪念谢希德先生百年诞辰之际，作为谢老师学生的我们这一辈，也已经到达耄耋之年。但是，谢老师全身心追求科学、建设国家的精神和高贵品质永放光芒，依然鼓舞着我们的后代艰苦奋斗，并将其发扬光大。

（作者：黄美纯，厦门大学物理系教授）

跟谢希德先生读研究生的日子

鲍敏杭

我是1962年起在谢希德先生的指导下读研究生的。但是我和谢希德先生的紧密师生联系却还要追溯到三四年之前。1958年下半年，我还是一个刚刚五年制大学的三年级的学生。那时，我们大学生都成了大搞科研的主力军。我已经记不清当时是在怎么样的过程下成为半导体研究队伍的成员之一。只记得当时的半导体研究队伍很大，我在材料测量组工作。在经过一段时期以每天吃好半夜饭才能下班为标志的"苦战"之后，队伍进行了重组。每个人可以填报一个志愿，然后由组织根据志愿和需要分配。我的志愿填了理论组（一个新的研究组）。当时的我除了对半导体理论感兴趣和好奇外，也是想在苦战之后有机会多读点书。没想到就此有幸得到了谢希德先生长达八年的面对面指导和绵延40多年的师生情谊。

在参加理论组之后，我除了继续做半导体材料的测量工作之外，也开始参加谢先生组织的理论组学习活动。当时谢先生除了是固体物理研究室主任之外，还正在协助中科院筹建上海技术物理研究所并兼任副所长，工作十分繁忙。尽管如此，我们还是不时地有一些学习活动。记得谢先生给我们上课讲半导体输运理论时，参加理论组的学生中三年级的有王文沧和我，四年级的学生有蒋平和李名复等。由于我们二年级只上过一些基础课，以及在大搞科研中自学的一些半导体的基础知识，因此，要学习半导体理论是非常困难的。有许多不懂的地方，谢先生就不断地给我们提供补充材料来学习。这就是我第一次接触谢先生，以及初步接触科研。其实，当时的复旦大学，教师主要搞教学，有时写些教材讲义，基本上不搞科学研究，写学术论文的人就更少了。是谢先生这样的归国学者，为复旦大学带来了做研究工作的理念、方法和学风，建立了有研究工作的教研室，为复旦大学带来了学术研究之风。有幸这么早就得到谢先生的指导，我得以在学生时期就在科研上与年级高一些的同学甚至当时的许多青年教师站在了相近的起跑线上。

在50年代后期，谢希德先生和黄昆先生等归国的科学家为我国带来了西方最新的科学理念。在固体物理领域就是采用各种先进的科学仪器和量子理论来研究固体在高压、低温、强场下的电学、热学和光学等物性。作为当时研究热点的半导体领域，则是用能带理论研究半导体的电子能谱和电学特性并用以指导晶体管等半导体器件的研制。无论是在我们半导体教研组的建设中或是在技物所的筹建中，谢先生都不遗余力地贯彻这些先进的科学理念。而在此前的50年代初期，苏联的约飞院士的学术思想在我国发挥主要的影响。约飞排斥能带理论，在器件研究上只重视温差发电等器件的研究。这两条科学研究路线的差异是十分明显的。从20世纪50年代至今的40几年来半导体晶体管器件和集成电路的持续高速发展的事实来看，前者无疑是更正确的方向。

在我们大学的三年级到五年级期间，运动和变化实在很多。从1959年到1961年毕业，我们还经历了成立预备教师班、三年困难时期的调整、补课等变化。谢先生领导的理论组的活动也时断时续，成员也有一些变化。但是蒋平和我两个人一直都在谢先生直接领导的理论组中活动。蒋平在1960年毕业后，考取了谢先生的研究生，继续跟着谢先生学习。我在1961年毕业后，留校作了助教，研究方向还是固体理论，1962年我也考取了谢先生的研究生，继续跟着谢先生学习和科研。从1961年我们半导体教研组搬进新建的物理楼以后，谢先生和陆栋先生两位老师，加上蒋平和我两个研究生就一直在一个约20平方米的办公室里学习工作，直到1966年。

相对来说，从1961年搬进物理楼后的几年是我们研究组学习和研究比较正常的时期。作为教研组组长并兼任上海技术物理研究所副所长，谢先生除身负教研组建设和技物所建设的两项重担之外，她还承担了大学生的"固体物理学"等课程的教学，以及研究生的"半导体理论"和"群论"等课程的教学。谢先生上的课往往都是新课，为了教材建设，每一节课她都要发下大量的讲义，讲义内容能反映当时的最新发展。上课以后总是设法把讲义整理并把它们出版成书。那几年她写的讲义有"固体物理学""半导体理论""群论"等。其中与方俊鑫先生合著的《固体物理学》，共有上、下两册。当时陆栋先生和我们研究生也参加了一些工作。"群论"后来以《群论及其在物理学中的应用》的书名出版，当然，内容从当时针对半导体的应用扩充到了对整个物理学的应用。

"半导体理论"讲义的内容也十分丰富，其中一部分内容整理在以后出版的《固体能带理论》一书中。实际上，那本刻蜡纸油印的"半导体理论"讲义我珍贵地保存了很长一段时间。在80年代初我从事固态传感器研究以后，还多次查阅过这本讲义。国内许多从事硅压阻式压力传感器研究的同行也告诉我，他们在60年代中曾经向谢先生登门求教，学习关于硅压阻特性的理论知识。能够聊以告慰谢先生的是，在谢先生传授的知识的基础上，我在2000年由爱思唯尔（Elsevier）出版的专著 *Micromechanical Transducers* 中，对硅压阻的宏观理论做了迄今最为全面的阐述和总结。在该书的前言中，我也有了一个很好的机会在国际学术界表达我对导师谢希德的崇敬和感激之情。

在我留校工作一年后，学校从工作两年以上的青年教师中组织招收一批学制为四年的在职研究生，由导师和领导推荐报名人，再通过考试录取。根据导师的人选，一般一个系只推荐一两个人选，有的系可能一个都没有。记得是谢先生通知我参加考试的。当时我感到很意外，因为那时我还没有满足工作两年的条件，但是谢先生说已经经过领导的批准。这样，通过考试后我就被录取为谢先生的研究生。当时我们一批在职研究生，外语、哲学等公共基础课由学校统一组织上课。记得当时一起上课的人有十来个，物理学系除我之外还有孙鑫（导师是周世勋）和桂子后（导师是华中一），数学系有李大潜（导师是苏步青）等等。在职研究生规定是不脱产的。我就读研究生前后的工作量就没有变化，加上谢先生布置的学习任务一直非常的重，所以那几年我非常非常忙。回顾起来，正是那几年的严格训练培养了我承担科学研究工作的能力。

作为研究生，我的研究方向是半导体能带计算，具体的课题是Ⅱ-Ⅳ族半导体硒化锌的能带计算。到1966年上半年，已经得到一些结果。记得在1966年7月，谢先生还在北京召开的亚非科学讨论会上报告了有关硒化锌能带计算的论文。

在60年代初的五六年中，谢先生为教研组的教学建设、科研建设和人才培养花费了大量的心血。教研室已经有了完善的教学计划，有了系统的教材，建立了固体能谱的研究方向和设备相当完善的实验室。谢先生所花的精力是难以想象的。她身体一直不是很好，经常感冒。记得那时她经常是早上先到医务室看病配药，再来到办公室上班。记得她还常向我们介绍，说维生素C治感冒很好，说是化学家泡林推荐的。

由于各种极端思潮的影响，60年代初的几年中，谢先生在工作上也有过许多困难和挫折。1964年到1965年间，教研组内有人强烈否定当时教研组的工作，否定谢先生理论研究工作的意义，甚至发展到人事关系紧张，这给谢先生的工作造成了很大的困难。但是谢先生始终是以德待人，始终是努力工作，百折不回，坚持把教研组的工作做好。

大家都知道谢先生长期和癌症作斗争，而这夺走谢先生生命的癌症就出现在这一段突然降临的困难时期。一天，谢先生发现乳房上有一个小肿块。她就请了假到二军大看病。医生诊断是良性的肿块并建议她开刀切除。谢先生很快就去开了刀。因为是小手术，术后她很快就回来上班了。然而，过了大约一个星期，医院又来通知，说经化验谢先生患的是癌症，需要进一步手术，并安排在开刀前每天打一针以防止癌症扩散。这一消息对于当时在政治上非常困难的谢先生来讲无疑是雪上加霜。谢先生非常沮丧，她动情地说：我从小长期患病，身体一直不好，现在居然又患上了癌症。当时教研组主持日常工作的屈逢源先生和庄承群先生对她非常关心，多方联系为她安排住院开刀。他们两位的努力对于谢先生第一次战胜癌症起了很大作用。

谢先生去世已经两年多了。谢先生一生在精神上追求理想、坚持真理，在学术上努力奋斗、不断进取，在生活上严以律己、宽以待人的伟大人格已广为传颂。谢先生的一生是非凡的一生。她冲破重重阻力回来报效祖国，不顾患有癌症的身体，挺身站在改革开放的最前列，尽显辉煌。这些都已为大家所目睹。现在我将这一段亲身经历回忆出来，一方面表示我对导师的怀念，一方面也可让关心谢先生的人对谢先生在这一段时期的生活和工作情况有更多的了解。

（作者：鲍敏杭，复旦大学微电子学院教授。本文写于2002年8月30日，原载于《追思·谢希德教授纪念文集》，收入本书时有删节）

为我华夏鞠躬尽瘁

蒋 平

"故天将降大任于斯人也,必先苦其心志,劳其筋骨,饿其体肤,空乏其身……",孟子这段颇带哲理性的话说出了一个道理,一位非同寻常人物的成长,除去本人的天赋秉性而外,往往要历经曲折甚至磨难,才能养成超乎常人的、坚韧不拔的毅力,朝着伟大目标矢志不渝、奋斗不息,而成就其光辉的业绩。孟子的这一条至理名言,在一定程度上真实地反映了谢老一生坎坷不平的奋斗经历,令人感慨万千。

谢老于1921年3月19日诞生于文化古城福建泉州,父亲是我国著名的前辈物理学家谢玉铭先生。谢老自幼察赋聪颖,童年时期就显露出超群的才华。早在她六岁那年,祖母收到一封电报,可打开一看竟是一组未经翻译的电码。当时只有小希德一人在家,看着祖母焦急的样子,善解人意的她居然从父亲书橱的一大堆藏书中找出一本电码本,并且将电文翻译了出来。谢先生小学是在燕京大学附小上的学,11岁那年直接升入燕京大学附中上初中,一年后转到历史悠久的贝满女中。贝满的校规严谨,师长授业精当,既严格要求又和蔼可亲。贝满的学习生活为谢老日后的成材打下了坚实的基础。高中阶段因日寇侵华,她不得不于1937年秋转学至武汉圣希理达女中就读高三,不久又于翌年春天转入长沙的福湘女中,在这所著名的教会学校以全班第一的优异成绩完成了她的中学学业。由于战乱和疾病,谢先生进大学求学可谓一波三折,入学考试竟经历了三次,但每次都被校方录取。1938年夏末,她在长沙湖南大学参加全国大学招生统考,可随后长沙局势吃紧,举家迁往贵阳。这时她右股关节结核已发,但在一开始诊断不正确,未能得到对症治疗,病情加剧,虽然收到录取通知却不能前往学校报到。直到第二年春才得到确诊，住进贵阳中央医院治疗，后又进贵阳郊区湘雅医学院的疗养院疗养。不久日寇的炸弹又扔到了疗养院附近，只得转惠水疗养。这样一直到1941年春，谢先生才从病床上爬起来，结束了住院的岁月。病体初愈，她马上于第二年报考了浙江大学，并且以优秀的成绩被录取。可因全家迁往福建长汀，她又放弃了浙江大学，转而报考当时在长汀的厦门大学。那时虽然已过正常报考时间，可校方考虑到战乱期间情况特殊，特地为各地赶来的学生补行入学考试。谢先生这才进数理系正式就读，翻开了求学阶段的新的一页。

"祸兮福所倚，福兮祸所伏。"人们都说因祸得福，谢先生在这段时间里也有过相似的经历。以少女的青春身卧病榻无异度日如年，寂寞的病房，枯燥的疗养本身就是精神的炼狱，不少人意志会消沉，可谢先生却以顽强的毅力把疗养院当成了学英文的课堂。她在初中时本来英文基础就好，加上贝满女中英文课上不许讲中文，更使她在中学阶段的英文成绩突飞猛进。现在她在病床上大量阅读英文小说，她的英文素养百尺竿头又更上一层。她依托其造诣精深的英语频繁出访世界各国，接待来访的世界各国要人，为国家赢得了极高的荣誉，为改革大业作出了很大的贡献，而这一切同她在病床上的奋斗有很深的关系。

1946年谢先生从厦门大学毕业后，到上海沪江大学数理系任助教。当时国内局势动荡不安，国民党统治下的上海物价飞涨，民不聊生。为了"在事业上有所成就，将来更好地报效祖国"，谢先生决定出国留学。她在张文裕先生的帮助下，得到去美国著名女子学院——史密斯学院深造的机会，并于1947年8月10日远渡重洋前往北美。其时谢先生的未婚夫曹天钦已在英国留学。他们俩青梅竹马，相知日深，就在谢先生毕业前夕他们订了婚约。曹先生于当年10月即去了英国。在史密斯学院，谢希德师从该校研究生院院长安斯罗（G. Anslow）教授，不到两年即以《关于碳氢化合物吸收光谱中氢键信息的分析》论文通过答辩，并于1949年夏获该校硕士学位。随后谢希德幸运地申请到前往闻名全球的麻省理工学院（MIT）攻读博士学位的机会，跟随著名的莫尔斯（P. M. Morse）教授和阿里斯（W. P. Allis）教授进行高压状态氢的阻光性的理论研究。莫尔斯教授学术造诣很深，著作甚丰，他与人合著的《数学物理方法》至今仍被人奉为经典。1951年秋谢先生取得了博士学位。那一年春天曹天钦先生也以其《肌肉纤维蛋白质的物理化学的研究》获得博士学位，真是有趣的巧合。紧接着谢先生加入固体物理学家斯莱特（J. C. Slatr）主持的固体和分子理论研究组从事微波共振腔中半导体性质的研究。斯莱特也是世界著名的科学家，好些研究成果迄今为科学界冠名引用。那时新中国已成立，年幼的共和国百废待兴，殷切召唤海外学子投入母亲的怀抱，参加祖国的建设。谢希德与曹天钦两位年轻学者急不可待。她克服重重困难启程去英国，和曹天钦完婚后不久，就从英国出发，途经香港回国，并于1952年国庆节双双回到上海。

1956年5月的一天，谢先生在回家的路上分外匆忙，她马上要见到她的天钦，向他报告她被党组织批准入党的喜讯，好让他分享她的喜悦。她怎么也没想到，当时曹先生也正急切地在家里等她回来，报告他也于当天入党的佳音，这又是一个激动人心的巧合。1980年谢先生当选为中国科学院数理学部学部委员，曹先生也同时当选为生物学部学部委员，他们成了我国几对夫妇学部委员之一，这更是一个让人羡慕的巧合。同一年取得博士学位，同一天入党，同时当选为学部委员。偶然吗，简直带有传奇色彩。可这又是必然，是谢希德和曹天钦两位学者热爱祖国、追求进步、热爱科学、艰苦奋斗的必然结果。

谢先生一回国就以满腔热忱投身到工作中去。不过短短三四年的工夫，她一口气开出了普通物理、理论力学、量子力学、固体物理等七八门课。1956年又忍痛离开襁褓中的爱子毅然赴京参加北京大学、复旦大学、南京大学、厦门大学和吉林大学五校联合开办的我国第一个半导体专门组，并与黄昆教授合编出版了《半导体物理学》这一部我国半导体领域里的经典之作。1958年回沪后又组建了复旦大学固体物理教研室，并负责筹建了上海技术物理研究所，兼任副所长。60年代初，她与方俊鑫教授合编的《固体物理学》问世，同时率领同事们开展固体能谱的研究。那时她感到浑身好像有使不完的劲，真是一片大展宏图的热烈景象。1966年10月她被诊断患了乳腺癌，她抱着癌症复发后的病躯以加倍的热情投入到教学研究的重建工作中去，并且在随后的近20年里为我国的科学教育事业做出了显著的贡献。

谢先生是科学家。1966年之前，她就和黄昆先生共同倡导并和同事们一起实施固体能谱的研究。之后，她又以科学家特有的敏锐果断地从1977年开始率先进行表面物理的研究,并筹建复旦大学现代物理研究所,成为我国表面科学的开拓者。她主持开展的研究项目"半导体表面电子态理论""镍硅化合物和硅界面理论研究""金属在半导体表面吸附及金属—半导体界面电子特性的研究"和"锗硅超晶格几何结构、生长及声子态的理论研究"都先后获国家教委科技进步二等奖。专家们对她的研究给予了中肯的评价,认为"是一组踏实系统的研究""表现了创造能力"。后来,她又开展了应变半导体超晶格和介观理论的研究,研究结果均在国际上的一流学术刊物上发表,受到国内外同行的重视。她自1983年开始,每年都出席美国物理学会的三月凝聚态年会,捕捉世界最新的科学信息,及时更新自己的研究方向和课题。1992年第一次在我国召开了国际半导体物理领域最具权威性的第21届国际半导体物理会议,她亲自任大会主席。次年又以副主席和地区组委会主席的身份在上海举办了第四届国际表面结构会议,这同样是一次有关领域国际最高学术水平的会议。在这两次会议的筹备阶段碰到了不少波折,谢先生凭藉她本人的崇高影响积极开展工作,堪称呕心沥血,方才争取到在我国举办的机会。这两次国际会议向国际同行生动地展示了我国的科学水平,为我国的半导体和表面科学界在国际上争得了极大的荣誉,也向国际同行提供了一个了解改革开放的中国的极好机会。由于她对科学事业的贡献,她先后担任中国物理学会副理事长、中国科学院学部委员大会主席团成员、上海市科技协会主席、国际纯粹和应用物理联合委员会(IU-PAP)半导体委员会委员、第三世界科学院院士、国际《表面科学》中国地区编委、法国《电子显微术和电子能谱》编委。同时,有10所欧洲、美国、日本的著名高等学府授予谢老以名誉科学博士或工学博士学位。

谢先生是教育家。她培养过的学生如今是中国科学院和工程院院士的就有好几位,至于有研究员和教授职称的那就更多了。1983年她出任复旦大学校长,成为新中国第一位女大学校长。在她任期内,复旦大学在坚持社会主义办学方向,深化教育改革方面都有长足的进步,技术科学学院、管理学院、生命科学学院相继成立,使复旦大学以拥有人文科学、社会科学、自然科学、技术科学和管理科学的新型综合性大学的面貌展现于国内外。她在各类报纸杂志上就大学教育的各个方面发表自己的见解,产生了深远的影响。谢先生还从1981年起担任世界银行贷款第一个大学发展项目中国专家组副组长，1985年起任世界银行贷款第二个大学发展项目中国专家组组长，又于1991年出任重点学科发展项目专家咨询组组长。为了使世界银行的贷款能产生最大效益，她不辞辛劳、多次考察国外大学的实验室，并在国内多方调查研究，足迹遍及上海、南京和北京的许多大学。她的工作展现了中国科学家和教育家的不凡风采，反映出中华民族的优秀品质，深得国外同行赞誉。《今日中国》的记者盛赞谢校长是"中国的哈佛大学校长"。

谢先生是民间外交家。改革开放以来，谢老频频出访，会见了大批的外国社会名流，在国内也接待过无数国际友人，包括1984年4月30日接待美国里根总统。谢先生以她优雅的风度和举止、渊博的学识和精湛的英语向朋友们宣传中国的和平外交政策，争取他们对中国改革开放大业的理解和支持。她的形象代表了我们这一文明古国的优良传统美德，令人倾倒，赢得了国外朋友的称赞。著名科学家、两度诺贝尔奖获得者巴丁教授在80年代初期访华时就这样评价："在中国科学界中，谢希德是最有影响的人士之一。"

谢先生是社会活动家。她作为一位经历跨越新旧两个社会、受过中西两种文化教育的女性有她独特的社会视角。她对妇女的地位和作用、知识分子政策、经济治理、环境与人口等一系列社会问题都发表过很有见地的看法，产生了积极的影响。

谢先生是政治家。她担任过中国共产党第12届和第13届中央委员，担任过第7届中国人民政治协商会议上海市委员会主席。

在我的心底里，德高望重的谢先生是我永远的老师。师恩难忘。

（作者：蒋平，复旦大学物理学系教授。本文原载于《物理》1996第25卷，收入本书时有修改）

终生难忘恩师谆谆教诲

薛舫时

谢先生执教的"半导体理论"是半导体专业的最后一门专业课,也是最精彩的一门课程。当时没有现成教材,都是谢先生自编的讲义。她讲课深入浅出,精彩纷呈,引领全班同学跨入当时的半导体理论前沿。我对老师的崇敬之心油然而生。60年代初,国家政策转变,1962年开始招考研究生。半导体专业谢先生招收一名研究生。班上同学都希望报考。可是陆奋同学是班上公认的又红又专尖子,谢先生还是他毕业论文的指导老师,这一名研究生是非他莫属的。大家都望而兴叹。只有半导体理论课的陆栋老师鼓励我,他劝我报考,也可以让组织上多一个选择。在陆老师鼓励下,我大胆报考,多少同学都说我痴心梦想。谁知道后来谢先生又改收两名研究生。像我这样的"差生"谢先生都收,我从心底里感激老师对学生的一片关爱之情。

入学以后,谢先生对"固体理论""群论"和"能带理论"三门专业课作了精心安排,在培养我们自学能力的同时还为我和陆奋二人专门讲解群论课程。这样著名的半导体教授还要从遥远的家里赶到复旦大学专门给我们两个研究生上群论课。在她黑板下听课的我,还能用什么语言来表述学生的感激心情呀!一年以后,我们开始搞能带计算、写毕业论文。当时没有计算机语言和软件,只能用复旦大学的电子管计算机,内存少,速度慢,必须用一个个计算机操作来编程,而且计算机还三天打鱼两天晒网,病休时间比工作时间还长。

能带计算的关键是在晶体势场下求解薛定谔方程。在原子芯附近,势场非常强,但是具有球对称,可以用数值积分方法来解薛定谔方程。而在原子芯以外的区域内,各个晶格原子势相互叠加形成价键,只能用基函数展开,按照变分方法来计算。可是，这两种计算方法是不相容的。虽然各种能带计算方法设计出不同的手段来兼容这两部分势场，但计算过程就变得十分复杂，增加了计算量。因此，很难在我们当时的计算条件下算出实用的半导体能带。

为此，在谢先生指导下，我提出在两个不同区域内独立变分的新概念。设计出新的分区变分能带计算方法，简化了能带计算量。然后克服重重困难，编制程序，计算出 Si 的能带。之后，论文发表。应美中交流协会邀请，我带着这一新能带计算方法到美国加州大学和贝尔实验室讲学交流。

研究生毕业后，因为能带知识没有学好，我没能留在学校继续计算能带，被分配去半导体器件研究所工作。谢先生教我的群论和能带都被荒废了近 20 年。80 年代半导体异质结出现以后，许多研究者被吸引到异质结能带研究领域，给我带来了新的希望。当时的研究工作都集中在量子阱的量子限制和二维电子气上。AlGaAs/GaAs 异质结中的二维电子气达到了百万以上的迁移率，设计制造出各类异质结器件。这成为大家热衷研究的焦点。我在研究量子阱中的量子限制时，想到异质结构破坏了晶格的对称性，量子阱中的电子波函数应该分解成 Γ、X 等不同能谷的波函数，产生 Γ–X 混合。从量子阱输出到 GaAs 体材料的电子只可能处于 Γ 谷或 X 谷，控制量子阱降压就能改变输出电子的能谷属性，设计出多能谷电子的发生器。我们研究所研制的耿氏二极管就是利用谷间电子转移来工作的，它能够用来检测输出电子的能谷属性。我到超晶格实验室请教黄昆先生，并在黄先生和郑厚值院士的推荐下，在超晶格实验室申请课题，用他们新引进的 MBE 设备生长出异质结材料，制成异质结耿氏管。我当时所研制的 8 毫米耿氏管能输出 300 mW，效率为 3%—5%。新研制的异质结耿氏管在同一频段能输出 2 W，最高振荡效率达 18.2%。这一新器件被用于导弹寻的器中，申请并获得了国家发明专利。在传统的耿氏管中，没有控制极，仅靠电场加速来实现谷间电子转移。可是，电子在谷间转移以后就产生微分负阻，形成强场畴，器件内的电场不能简单地通过外电压来控制。在阴极附近出现一个低电场的死区，显著降低振荡效率和输出功率。异质结耿氏管用异质结作为控制极，使得谷间电子转移直接发生在阴极处，消除了死区，显著提高了振荡效率和输出功率。

转眼就进入即将退休的暮年了，国际上又出现研究宽禁带 GaN 材料的热潮。宽禁带材料击穿电压高，AlGaN/GaN异质界面上的大能带带阶和强极化电荷又能产生高密度、高迁移率的二维电子气，GaN异质结场效应管就成为大家争相研究的热门课题。然而，大量研究发现，这种场效应管的射频电流小于直流电流，产生电流崩塌，降低了器件的输出功率和PAE。而且当沟道打开时，跨导又会下降，出现跨导崩塌，降低放大器的线性，难以使用在通信系统中。大家认为沟道电流下降是陷阱俘获沟道电子气，降低电子气数目引起的。可是用DLTS实验测得的陷阱密度达沟道电子气密度的一半以上。如果真有那么多陷阱，为什么还能测得那么大的直流电流呢？这时候我又想起了谢先生教我的能带理论。我想只能用射频工作时的能带偏离直流测试的能带来解释。为此，我编制了专用的软件来自洽求解二维泊松方程和薛定谔方程，发现场效应管的特殊电场环境引起异质结能带畸变，在沟道强场峰内产生能带峰和能带谷。一部分低能电子气不能跨越能带峰，就被限制在强场峰内，形成局域电子气。这种局域电子气就像陷阱俘获电子那样，降低了沟道电流，产生电流崩塌和跨导崩塌。这一计算成功解释了场效应管的许多异常行为。至此，我又想到异质结Gunn氏管中异质结控制极的妙用。通过反复能带计算发现在场效应管栅电极旁设置一个异质结鳍，用鳍内的异质结能带来抑制沟道中的局域电子气，就能消除电流崩塌和跨导崩塌。如果用这种设计制成异质结鳍场效应管，就能抑制跨导崩塌，改善放大器的线性，为今后5G通信提供廉价的基站。可惜我已是80后的闲人，无处申请课题。谢先生和黄先生两位半导体泰斗也已谢世，我只能天天在家里的计算机上画饼充饥。

我是谢先生的一个不成器的研究生，不能像谢先生期望的那样在半导体能带领域内作点贡献，只能在半导体器件工作中选择一些能带边缘课题来工作。但是一辈子的器件工作也都离不开谢先生教我的能带知识，恩师的教诲没齿不忘。

（作者：薛舫时，复旦大学物理学系毕业生，在南京电子器件研究所工作）

怀念谢希德先生的点点滴滴

赵祖宇

1978年春

我考入复旦大学物理学系后,经常在校园里见到一位面容慈祥的女性长者。听人说她就是著名的物理学家、中国半导体物理的奠基人——谢希德先生。每次见到她,我总有一种敬佩之情。

谢希德先生的儿子曹惟正也是物理学系1977级微电子班的学生。他是一个非常热心的人,极好助人为乐,并担任了微电子班的生活委员。他的宿舍房间和我的房间正好对门。我们从相识到相熟,很快成了好朋友。于是有机会知道了更多关于他母亲令人敬佩的事情。

而我和谢希德先生联系较多则是在我赴美留学以后。

1984年秋

我在美国西北大学物理系通过博士资格考试以后需要选择以后的研究方向。我考虑拜系里的John Ketterson教授为师从事凝聚态实验物理方面的工作。当时有两个可能:一个是关于超晶格超导材料的机制和制备,另一个是超低温实验物理方面的研究。Ketterson教授希望我去他的超低温组。

对于这两个领域我当时都是"科盲",一无所知。于是我写信请教谢希德先生。她马上给我回了信,阐述了(超)低温实验物理与工程对于物理学乃至其他科学技术领域的潜在的重要性。

谢希德先生在她的信里通篇都是循循善诱，丝毫没有命令的口吻。基于谢希德先生的意见，我加入了Ketterson教授的超低温组。我后来将近40年的超低温实验物理和工程方面的工作，包括最近用于Google（谷歌）量子霸权（Sycamore）机的超低温设备的开发，无一不印证了当年谢希德先生对超低温物理和工程的重要性的深层次理解和前瞻性远见。

我很喜欢从事了多年的超低温实验物理和工程这个具有挑战性的研究领域，深深感激谢希德先生当年给我的引导。

1989年夏

谢希德先生访美来到芝加哥，当时我在西北大学准备毕业论文，有幸有机会对谢希德先生作一次短暂的拜访。对谢希德先生的这次拜访虽然十分短暂，她的忧（爱）国忧（爱）民之情溢于言表，感人至深。

谢希德先生当时已经年逾花甲，不辞辛劳，奔波于美国各地，会见美国各界人士，阐述中国改革开放的国策和决心。她的impeccable integrity和magnetic personality无疑赢得了每一个同她交往的人的尊敬和信赖。

1990年代初

谢希德先生会同师昌绪先生率领中国大学代表团访问美国，并来到哈佛大学商讨高校之间的交流。我当时在哈佛大学做博士后，有幸给谢希德先生当了一回司机。

记得那一天我把谢希德先生从住处接出来，一路边驾车边聊天，一直把她送到"哈佛园"（Harvard Yard）。她下车以后向我再三道谢（试想我如何受得起谢希德先生这样的道谢！我只能连连说"应该的，应该的"），然后迈着不太方便的腿徐徐向哈佛大学校长办公室走去。

谢希德先生以古稀之年为了中国科学技术的振兴和中国高等教育的腾

飞,一如既往,踏踏实实地耕耘。望着她渐渐远去的背影,一切尽在不言中。这就是谢希德先生。

(作者:赵祖宇,复旦大学物理学系1977级本科生,现就职于美国Janis Research公司)

永远的先生

车静光

我是谢先生的硕士研究生，1982年起先在谢先生主持下的表面物理教研室攻读硕士学位，硕士毕业8年后再在谢先生和张开明教授指导下从事博士后工作，接着留在表面物理教研室任教，有幸聆听谢先生教诲前后10年有余。谢先生在学术上和为人处世上对我的影响，以及在回国安置上对我的帮助，一时也说不完。在此，我谨以片段回忆缅怀谢先生。

记得我博士毕业刚回国不久，时任中国纺织大学基础部主任的谢涵坤教授突然大清早来我家，托我请谢先生到纺大出席他们基础部办的一个研究所的揭牌仪式。他一再表示如果谢先生能去，纺大的校长也一定会出席。

我当即对他说，谢先生平时事情很多，每天空余时间要去华东医院陪伴、照顾已经因中风而瘫痪卧床的丈夫。我会帮你去说，但你不要抱太大希望。

当我跟谢先生说起这件事时，她问，"我去做什么呢？"，我一时不知如何回答是好，情急之下脱口而出："物理人现在很难，你去可以给他们鼓鼓劲！"虽然"物理人很难"属口不择言，但我真实的想法却是，这类"研究所"实属当时改革开放涌动的下海从商大潮下，物理人不知所措的产物。

后来，在本系任教的谢涵坤的同窗跟我说，连谢涵坤自己也没有料到谢先生真的会来出席！虽然谢涵坤并非谢先生的研究生，但这次活动给予谢涵坤的大力支持是显而易见的。谢先生的出席并非因为我巧舌如簧，而完全是因为谢先生对学生、后辈一贯的关心、爱护和提携。

事后也有表面物理教研室的老师跟我说，这种事不应麻烦谢先生。我确实太冒失了,"人情世故"还停留在出国之前。环境是会改变人的,假定谢涵坤托我之事发生在我回国几年后,我不敢肯定我是否还会受托,但我可以肯定谢先生依然会去,因为谢先生一定还是那个永远的谢先生!

(作者:车静光,复旦大学物理学系教授)

怀念谢希德先生

程海萍

母校复旦大学的物理学系与我联系，希望我能为谢希德百年诞辰纪念写一点关于老校长的往事。这不是个容易的任务，因为一提到人敬人爱的谢先生是不是就应该搜寻出一些励志的故事？而我偏偏没有这类的记忆。

与谢先生开始接近始于吴家玮教授的访问。那是1980年的事。复旦大学授予吴家玮荣誉教授称号，作完报告后，物理学系应吴教授的要求留下了几位学生与他面谈。出乎所有人的预料，接下来的两小时家玮全部用来教我们如何自己联系申请到美国留学。之后，当时还是物理学系系主任的谢先生为此就替我和其他几个学生写了推荐信。而我们则吹响了自费申请美国研究生院留学的号角。1981年9月12日是中秋节，我搭美联航从上海在旧金山转机到芝加哥奥黑尔（O'Hare）机场。接机的同学里有谢先生的公子曹惟正（惟惟），当时他在芝加哥大学上学而我被西北大学录取。一行人接我到了宿舍后扔了行李到密西根湖边散散步，中秋的月亮还挂在天空。

因为有谢先生的推荐，我一进西北大学就被系里计算物理著名教授Arthur J. Freeman关照上了。Art非常尊重谢先生，每每讲起他们是MIT（麻省理工学院）的校友时总透着一份沾了光的自豪（我的印象）。Art当时不怎么招学生了，大都是一群博士后撑着组里的科研工作。我的自由散漫的习惯是后来没有跟他而是跟了他从前在MIT的师弟——也是西北大学的教授——Donald D. Ellis做论文的原因。谢先生来组里时Art会向她抱怨，但先生从不找我算账。我们当然心照不宣。她有太多的在外的复旦学生要操心，人人要仔细管，能管得过来吗？况且我不是公派的。

80年代，谢先生几乎年年来参加三月份的物理年会。星期二晚上经常会举办复旦联谊招待会。印象最深的就是她记人名的能力超强,每每让一个个小小的自以为无人注意到的学生欣喜地发现先生还记得他们的名字和年级。那些年头是中美关系的好日子,来美学生一年比一年多,公派、私费浩荡大军划过北极上空飞越太平洋。中外导师们也开始讨论这样一批学子学成之后对中国现代化建设可能带来的冲击。其中夹杂着一个很多年以后我才知道的小插曲。80年代中期,中国开始强调培养自己的博士生。谢先生带头不替自己的学生写推荐信了。首当其冲的人里有魏思清,当时他已是谢先生的硕士生了。没有了导师的推荐,即使揣着GRE物理专业的极高分也只能去了杜兰大学(Tulane University)。很多年后师生再见面时老师已经忘了这么件事,学生也没有因此记恨老师。回想起来,倒是我这个八竿子打不着的学生因偶然的机会得到了推荐。发生在我们身上的都是时代大洪流中的随机事件。不随机的是谢先生在那个年代以她的理念坚持着的努力和勤奋。

因为惟惟的缘故,那段时期谢先生每次来我们基本上都会见面。我喜欢做饭烧菜然后邀请他俩和其他一两位同学或访问学者一起共进晚餐。以后想

▲ 与谢先生和曹惟正在芝加哥街头

起来这是很特殊的机缘。谢先生会问问学业生活及芝加哥艾文斯顿发生的小事情。经常与谢先生一起来美国的是张开明教授。她的专业是应用数学,她是谢先生计算物理团队的成员。计算组还有一位叶令教授,她曾来Art组里访问过一年,我和她就最熟悉了,还成了忘年交。从历史的角度来看,当时复旦大学的这个组至少有两个世界一流的方面:一个是在电子结构计算领域里妥妥地站在前沿的,另一个是女科学家的比例极高。

记忆中的谢先生穿衣搭配总是很得体,她穿的青白花的蜡染布薄袄子很雅致。我喜欢这样工作生活两头顾的风格。有一次一见面她就将一串蓝色塑料珠子挂在我脖子上。那是中国改革开放初期刚刚开始做的小装饰品。对纪念那一时期而言,差不多赶上3500年前埃及人的玻璃珠子了(见图)。

▲ 谢先生送我的玻璃珠子

这段时间一位学生在做Raman谱的计算。我查文件翻到谢先生组里90年代中期的两篇相关论文(Appl. Phys. Lett. 69, 1996, p.200, Phys. Rev. B 55, 1997, p.9263),这才发现原来我们都同在计算纳米物理领域里多年了,只是做的物性略有不同,不禁莞尔。再想想自己这么多年在佛罗里达大学(University of Florida)物理系也勤勤恳恳带了很多学生,发了不少论文,以此纪念谢先生,她会高兴的。

(作者:程海萍,复旦大学物理学系毕业生,美国佛罗里达大学教授)

忆谢希德先生二三事

侯晓远

谢希德先生于我，是亲切的同学家长，是严谨的学术导师，是求贤如渴的大学校长，她对我的一生影响至深至远。

本科新生的间接印象：
谢希德是物理学系著名教授

作为恢复高考后的77级本科生，在我刚入学报到的时候，有一个年轻人骑着三轮车，帮着报到的同学们来回往返拉行李。等他把我的行李拉到我住的寝室，我选择了一个上铺后，他主动自我介绍是我们的同班，和我是同寝室且是上下铺的同学。作为一个刚刚入学的学生，他对复旦大学的了解可以说是特别熟悉，简直如数家珍。后来一了解才知道他的母亲就是我们系（物理学系）的著名教授谢希德先生。因此，我在第一次见到谢先生之前，先认识了她的儿子曹惟正。小曹同学非常热情、非常助人为乐，像寝室打开水、给同学带饭和每天晚上第一个冲到图书馆排队，他都当仁不让。作为班级的生活和劳动委员，小曹同学有一辆校园里非常少见的自行车；哪个同学要去五角场或更远的地方，都会向他借用这辆班级唯一的一部"公用"或"共享"自行车。正是这个当时校园里最先进的少有的交通装备，小曹同学每天晚上都能获得理科图书馆开门前排队的第一名！作为同寝室的同学，我们从小曹同学那里开始了解他的父母，因为能从他的身上折射出他父母的形象。

观看足球世界杯的直接接触：
谢希德是和蔼可亲的母亲

我和谢先生的第一次见面完全是因为她的儿子。1978年，中国第一次转播足球世界杯（阿根廷对阵荷兰）决赛。那天，谢先生的儿子就对我们寝室的同学讲："你们谁要到我家去看这个转播？"1978年，别说世界杯，就连家里有一个电视都非常稀奇，有些农村来的学生甚至连电视是什么都不知道。当时我们同寝室的四五个同学早早地吃完晚饭，跟着小曹同学坐了一个多小时的公交车到他家看球赛。在去之前，我们已经知道他母亲是复旦大学物理学系的著名教授。在某种程度上，我们担心会不会感到比较局促？但是想看世界杯的愿望还是战胜了那种局促。那是我第一次见谢先生。已经声名在外的她，对我们这些小客人完全没有架子，非常热情地欢迎我们的到来。我们几个学生像"少爷"一样坐在那里看电视，谢先生和她丈夫曹天钦先生周到地为我们端茶倒水、准备水果，就像我们自己的父母般慈祥温暖。可以说，谢先生是我如此近距离接触的第一位高级知识分子，她身上散发出的那股亲切儒雅让我终生难忘，并时刻影响着此后我的待人接物之道。

本科即将毕业：谢希德是思想深邃的智者

我在物理学系读的专业是半导体物理和微电子专业。谢先生和北京中科院半导体所的黄昆先生是我们国家半导体物理的奠基者，所以她和我们班的关系非常密切。在我们临近毕业的1981年年底，谢先生来班级与我们座谈，她对我们这些即将毕业踏入社会的学生充满了期待并给了一些令人印象深刻的忠告。我记得当时她有一个很前瞻的观点，这个观点照样适合现在的社会。她说："在社会上一些事情，经常会出现的是：有一种倾向掩盖另外一种倾向、从一个极端走向另外一个极端。"她进一步解释和告诫我们，看问题和事物要全面，不要片面和不要走极端；要有质疑精神、不要人云亦云。这些忠告就像一颗智慧的种子在我的心底里生根发芽,后来在我读研究生时期特别是工作后起到非常重要的作用。

研究生课:谢希德是课堂上的大学校长

复旦大学物理学系有一个很好的传统:知名的大教授都上基础课。这个传统在我读本科的时候就有了。1978年给我们大一新生上物理课的第一位教师,是当时物理学系的系主任著名教授王福山先生,他在德国留学的导师是量子力学创立者之一的海森堡教授。我工作后有一次听我们的老师陶瑞宝院士讲:在他读本科时期很多课都是谢先生上的。在我读研究生阶段,我们这一届有幸聆听谢先生的课,她给我们上的是"群论"课。虽然看似一门普通的研究生基础课,但谢先生当时已是复旦大学校长和中央委员,她仍在教学的第一线,且创造了一个今后几乎无人能破的纪录。直至今日,当我谈起这段上课经历,很多人都无法想象一个大学的校长、一个中央委员,能够始终站在课堂上。另外,我们那一届学这门课的学生和监考的谢先生共同创造了一个难忘的最长考试时间的纪录。平时的考试考两个小时就差不多了,可那次期末考试,每一道题目基本上都要花一个小时以上才能完成,整张试卷总共有近十道题目。那天,我从早晨9点钟,一直考到下午三点半才交卷,最晚的学生是做到晚饭时分。谢先生也知道题目出得非常难,她说你们不要着急,慢慢做。通过这件事,可以看出谢先生在治学方面要求非常高。我想,现在复旦大学物理学系所有的教授都给学生上基础课,都站在课堂上,应该是和包括谢希德先生、王福山先生等老前辈、老一代物理学系的教师率先垂范有关。目前,从物理学系走到学校领导岗位的教授,无论是处长、院长还是副校长,他们都有一个共同点:仍为本科生上基础课。

博士论文:谢希德是一丝不苟的严师

谢希德先生和王迅先生是我读博士时的联合导师。在师从谢先生期间,我进一步感受到了先生作为学者严谨科学的一面。在我撰写博士论文期间，已是复旦大学校长的谢先生，并没有因为繁忙的政务而放弃对我论文的严格指导。在我将已修改了几遍的上百页的论文抄写好，送给谢先生审阅时，我原本以为，她会大概看看后简单提点问题或给点修改意见。可当我从谢先生那儿取回论文时，我惊讶地发现谢先生是一字一句地、仔细通读了我那歪歪扭扭的字迹写就的全文，因为论文中任何一个细节错误都被揪了出来，哪怕参考文献中人名的大小写错误等。按照谢先生的意见修改后，我重新抄写好，再次交给谢先生审阅，这次我更想当然地以为，这下她该只简单地看看就可以了吧，没想到谢先生又发现了一些新问题，提出了新的修改意见，显然她又一次仔仔细细检查了我的论文。当年没有计算机，每改一稿，接近十万字的论文全靠一笔一画地在方格纸上用手誊写。虽然誊写很花时间，但更大问题是我的字太烂。记得当时给谢先生做助教的蒋平教授曾在我的作业本上的批改留言是："物理思路是对的，但是字很难认清。"后来留校任教，我的师弟金晓峰教授在给学生上课时，经常会拿板书向学生调侃我说："我的板书虽然不好但在物理学系还不是最烂的，我的字至少比一位曾给你们上过课的老师好，那就是侯老师！"为了避免再一次让谢先生读我（字写得）歪七歪八的论文，最后一稿我就让字很好的朋友帮我誊写了一遍。我想这次交上去，应该问题不大了。没想到谢先生看完后，把论文返回给我，我看到又有一些错误被谢先生找了出来。因为我的朋友和我不是同一个专业，在誊写的过程中又犯了一些抄写错误，其中包括之前被谢先生改过的人名中间字母大小写的错误。谢先生一看这个字就不是我写的，最后给我一个综合评语叫"越抄越错"。经过三次反复的修改和三次严格的指正，让我深深领略到了先生对学生负责、对科学负责的严谨态度，并潜移默化地影响着日后我对培养学生的态度。她的严谨认真始终激励我，无论多忙，对学生培养都要毫无借口地做到认真仔细。

人才政策：谢希德是心系复旦大学未来的校长

谢先生做校长的时候是在80年代末。那时，我国自己培养的博士和出国深造的博士陆陆续续毕业。谢先生有一个愿望：怎么样把这些年轻有为的博士吸引到复旦大学，为国家建设服务。她会利用各种国内外的学术会议和各种机会与年轻人接触，吸引学有所成的年轻博士留校或回国。同时在复旦大学，她出台了一个引进高层次人才的政策：凡具有博士学位的，留校的或留学归来的具有博士学位的青年教师，将享受到破格的福利分房待遇。这一政策在当时住房紧缺、分房需层层过关、许多老教师排队多年仍蜗居于窘迫之地的情况下，力度很大。这在当时的高校也是开先河的。所以说，这一政策的出台是需要勇气和魄力的。也因为如此，这一政策在执行的过程中，遭遇了重重阻力。为此，谢校长特地召集相关部门开协调会，强调该政策将坚定不移地执行。这一政策背后体现的是校长那求贤若渴的急切心情，以及校长那前瞻的治校理念：年轻人才是学校乃至国家的未来。受惠于这一政策的激励，很多从国内外获得博士学位的年轻教师毫无后顾之忧留在或回到了复旦大学，并迅速地成长为复旦大学科研和教学的中坚力量。这一重视人才、吸引人才和提携年轻人成长的传统也始终在不断地传承和发扬光大。

（作者：侯晓远，复旦大学物理学系教授）

缅 怀 恩 师

沈丁立

我在谢先生身边学习和工作已有16年多。自1983年至1989年，我有幸师从谢希德教授和张开明教授读研究生，得到了两位导师的亲传。谢先生慈祥而严格的教育，让我受益无限。就读研究生期间，我曾在她们的指导下完成多项课题的研究，论文发表于国内外学术期刊。谢先生极其认真地指导我写的每一篇论文，修改的笔迹遍及文章每一页。从事理科学习，本以为被训练得严谨不苟，但看到谢先生的一圈一点，我就会感到十分羞愧。我永远也不会忘记，谢先生在她的博士生专业课程上，对她的学生采取特殊规定：若考试分数为"及格"要做不及格处理，这是中外闻所未闻的要求。作为谢希德教授的学生，能够受到这样严格的要求，是一种幸福。我喜欢自然科学，更喜欢社会科学，尤其是国际事务。我曾在1984年首届上海电视台国际知识大奖赛上取得较好成绩，这一直受到谢先生的赞赏，她认为文理应该兼容，知识应该广博，她自己就是一位学贯中西、文理兼达的当代大师。谢先生积极支持我的理想，终于使我完成了从自然科学研究到国际问题研究的转变，在中国的大学中开始了军备研究与国际安全项目发展的研究。

恩师已去，我不觉得她已真的远行。十数年的师从，她的风范和精神已融进我的生活，浸入我的工作。缅怀先生，就要继承她的遗志，沿着她开创的道路不断进取。纪念恩师，就应该光大她的事业，为闪闪发光的复旦大学更加增添光辉。

（作者：沈丁立，复旦大学美国研究中心教授。本文原载于《师表·回忆谢希德》）

纪念谢希德教授

沈志勋　孙赞红

对于我们这些在70年代末、80年代初就学于复旦大学物理学系的学生来说,谢希德教授对我们的影响是多方面而又极为深远的。

刚入校时,同谢教授直接接触的机会不多,对谢教授的了解是从学生圈子中流传的故事里开始的。这些传说里的她,是一个在逆境中意志坚强的真正学者,令人对谢教授的敬意油然而生。以后几年里,随年级的升高,同谢教授的接触机会慢慢增多,我们开始参加一些为高班同学举办的、多由当时难得由国外来访的学者主讲的学术讲座。

主讲的学术讲座

当时的安排,往往带有专职翻译服务。在翻译有难处的时候,往往是坐在前排的谢教授出来解释。有一次是Prof. John Wheeler的讲座,翻译有好多困难,结果是谢教授频频解难,做了一场业余翻译。还有一次杨振宁教授用中文讲课,但有几个词汇的中文译法杨教授不知道,又是谢教授出来解围。这些事虽小,但谢教授的真才实学让我们这些学生钦佩不已,留下了深刻印象。20年过去了,当时的情形,依旧历历在目。

我们赴美留学,谢教授更是给了我们无私的关怀。当时她是复旦大学校长,工作繁忙,但对我们请她写推荐信的事总是认真对待,为此花费了她好多宝贵的时间和精力。对她自己课题之外的学生,为了增加了解,谢教授还专门安排出时间来同我们面谈,然后依据每个学生的具体情况为我们写推荐信联系学校。这种办事认真负责的严谨态度，至今对我们还是一种激励。

我们来斯坦福大学就学后，同谢教授渐渐有了些直接接触的机会。谢教授同我们的导师是朋友又是专家同行，我们也就多了一层关系。她对我们的学习工作始终非常关心。全美物理春季年会是我们凝聚态物理学界的论坛，谢教授几乎每年都来，于是我们每次也就都有机会见面。交谈中她总会关心地询问我们的工作情况。听说她在母校复旦大学也曾介绍过我们在美国的工作情况。这些对我们都是很好的鼓励。

在美国同谢教授接触的过程中，我们开始了解到谢教授在国际学术界所受到的敬重。这是各国学者对谢教授为人治学出自内心的真诚尊敬。从很多国家的科学家中听到这样的同声赞誉，是不多见的，这使我们这些谢教授的学生们感到骄傲。

谢教授给我们留下了一份永存的精神财富。她的长辈、慈母般的关怀永远留在我们心里。她的高尚人格将永远是我们的楷模。

（作者：沈志勋，美国斯坦福大学教授，美国国家科学院院士、美国人文与科学院院士、中国科学院外籍院士；孙赞红，美国斯坦福大学教授。本文原载于《追思·谢希德教授纪念文集》）

物理楼二楼那蹒跚前行的身影
——追忆导师谢希德先生

资　剑

我在复旦大学物理学系攻读博士学位的导师有两位，都是女性，一位是谢希德先生，另一位是张开明老师。有两位非凡的女性导师是我的幸运。

获得学位后，我也成了教师，与两位导师成了同事，在复旦大学物理学系教书；我也变成了导师，带着学生乐此不疲地做科研，到现在鬓已星星，虽衣带渐宽，却也不悔。

林花谢了春红，太匆匆。转眼间，谢先生离开我们竟20年，今年三月先生就诞辰百年了。不管时光如何无情卷走秋冬春夏、日月年华，却抹不掉流光刻蚀的印痕，那些无法忘却的情感，深深镌刻在内心孤零方舟之中，与我们相伴。

每当我回忆起先生，眼前会浮现很多画面，如蒙太奇镜头般，活生生一幕接着一幕。出现最多的一幕是先生柔弱的身影，她在物理楼二楼有些幽暗的走廊上蹒跚前行，步幅虽小，却很坚定，一步接着一步，直到从走廊消失。

先生去世时，我将这悲痛的消息告诉家人，女儿那时四岁多，问谢奶奶去哪儿了，我告诉她谢奶奶去天堂了，是一个伟人。女儿抱着先生送的雪白的毛绒兔子，问什么是伟人，我想了一会儿答道，伟人是第一名，是冠军。

女儿第一次见先生，是半岁时从老家成都来上海。我带她去了先生办公室，先生抱起女儿，由于面生，女儿眼里噙着眼泪，憋着不哭，最终眼泪还是忍不住沿着脸颊流下。先生抱着女儿一边摇，一边说不哭不哭，俨然就是一个慈祥的老奶奶。女儿最后见先生是在华东医院，先生因癌症复发再次入院。女儿对病房里还未拆封的毛绒兔子感兴趣，先生说是外国朋友来看她送的礼物，现在不能给你，等外国朋友走后给你。我压根没把先生说的放在心上，女儿也很快忘了这事。令人完全没想到的是，不久先生托秘书曹佩芳老师把毛绒兔子带给了我。女儿很喜欢这个毛绒玩具，雪白雪白的，很精美，按脚底还能放出音乐，至今还放在女儿房间，虽然颜色随着时光流逝泛黄了，也早就发不出声音了。2004年夏天我还带女儿去青浦福寿园，参加先生和挚爱丈夫曹天钦先生的纪念铜像落成典礼，女儿手捧康乃馨在铜像前的照片一直挂在家里的照片墙上。

先生与丈夫在生前就共同立下遗嘱，去世后将遗体捐献给医学研究。先生的遗体告别会在龙华殡仪馆，仪式结束后王迅老师和我执弟子礼与先生亲属随车护送先生遗体去上海医科大学。一路上我们默默看着先生，无语凝噎，时空仿佛停滞。送到后我们给先生深深鞠躬，眼睁睁看着先生在眼前消失。先生与丈夫生前贡献了很多，去世后还捐献遗体，"春蚕到死丝方尽，蜡炬成灰泪始干"的含义莫过于此。先生与丈夫在福寿园墓地里的骨灰盒，里面或许只有一缕头发，或许什么也没有，他们留下的是那些远远超越有形之物的宝贵的精神财富。

先生是异常坚毅的，人生经历了很多坎坷磨难，从60年代中期乳腺癌发病开始，她已经与癌症抗争了30多年。先生的最后一站是华东医院，病房里有电话、传真机和笔记本电脑。去医院看先生，我经常看到先生手捧笔记本电脑忙碌着。我最后一次去医院见先生是先生离世前不久，先生病已很重了，身上插满了管子，说不出话，也不能动。我握着先生的手，问先生还是否认得我，先生眨了眨眼，从先生眼里我感觉先生似有好多话想说，还隐约感到先生在捏我的手。这一刻，让我内心分外沉重和伤感，唯有内心默默祈祷，不要让先生受那么多的痛楚。

先生办公室西面墙上挂着美国画家 Leon Golub 的《异端者尖叉》（The Heretic's Fork）石版画，正对着办公桌，抬头出现在眼帘的就是这幅画。异端者尖叉是中世纪异端裁判所使用的臭名昭著的酷刑工具，两端带尖叉的铁棒中间套一个项圈。画中异端者颈项套着项圈，双头铁叉一端顶着下颚，另一端抵住喉窝，头部变形扭曲的异端者露出难以言表的痛苦。画面只有黑红两色，非常有视觉张力和冲击力，让人震撼。整个办公室墙上只有这一幅画，先生平时展示出来的与这幅画的风格反差实在太大，当时阅历尚浅的我对先生特别喜欢这幅画多少是有点困惑的。

先生两岁时，父亲只身赴美留学攻读物理学。再见到父亲已是三年后，父亲获得博士学位归来。先生四岁时，生母因伤寒离世，与信仰基督教的祖母相依。17岁时，先生患股关节结核，休学四年，留下了伴随终身的腿疾。先生违背父亲意愿回国，从此天各一方，至父亲在台北去世，已有40多年未能见面。燕尽书难寄。与父亲没书信来往，这是先生遗憾终身的痛。我们生命中会遭遇形形色色的"尖叉"，有的有形，有的无形，是屈从、忍受、逃避，还是面对、不屈、抗争，任何选择都不轻松，也非好坏、对错、得失这么简单。遗憾的是，已经没有机会和先生探讨这些，以及各自对《异端者尖叉》这幅画的理解了。

1994年年底我在德国做完博士后回到复旦大学后，想申请基金开启科研生涯，先生非常爽快答应写推荐信。不料，先生青梅竹马、相濡以沫的丈夫去世。我请先生就不要写了，找其他老师写，或者我写个初稿，先生改改再签个名。没想到先生在丈夫追悼会的次日，就把推荐信给我，满满几页，全是手写，并说我亲自写对你更有帮助。先生是在丈夫离世的巨大悲痛中写这封推荐信的，我没齿难忘。

每当新春来临表面室老师要一起去先生家，给先生拜年。记得有一次人很多，客厅坐不下，去的都是我老师辈，与先生道了祝福后我去厨房间与先生的老保姆聊天，没有想到老保姆的话让我异常吃惊。老保姆年纪也大了，儿子想要母亲回老家颐养天年。先生唯一儿子一家在国外，自丈夫去世后，更加孤寂，老保姆说先生可怜啊，舍不得离开先生，说离开了先生一个人怎么办呀。先生回老保姆的话更让我震惊，先生说我们死也要死在一起。平常我们看到的多是先生高光的一面，而隐在高光背后的是我们没见到的苦的一面。人生本来就是酸甜苦辣的叠加，悲喜交织，苦甜纠缠。临走道别时，老保姆说了几次你们要多来看先生啊。

先生待人以诚、以真、以平等、以包容，这是先生受爱戴的原因。与先生第一次交谈前我心里是有点惴惴不安的，但先生一点架子也没有，与先生交谈有沐浴春风的感受，从此在先生面前我便没有一点拘束。先生批评人也是心平气和的，但总有一丝不怒而威的气势，使你不得不服。先生带的学生几乎都做电子态计算，唯独我有点另类，做的是声子态理论。在我遇到困难和困惑时，先生总是给予非常及时的鼓励和帮助。攻读博士学位是我人生最用功的阶段，我经常通宵达旦地推导公式、编写程序、上机计算、撰写论文。在两位导师的悉心指导下，我最终提前半年完成博士论文。现在想来都觉得有点匪夷所思。我的博士论文是用英文写的，这完全得益于先生。第一次将英文文章给先生修改，几天后就拿到先生的修改稿，密密麻麻布满了先生手写的修改。我仔细琢磨先生的修改，遇到疑问或不解之处还跟先生请教、讨论，并将关键之处记下来，这样的过程使我论文写作和英文表达提升很快。

为提携后辈，1995年先生带我参加在美国加州圣何塞召开的美国物理学会"3月会议"，还专门向与会的国际和国内同行介绍我，说这是我同事；我纠正先生，说我是先生的学生。先生补充道，他是我以前的学生，现在的同事。我当时是相当吃惊的，当然也很感动。从学生时代起，与先生先后在声子特性方面合作了二十几篇文章，其中一篇是关于纳米硅颗粒的拉曼位移理论，在谷歌学者上的引用已达五百次，作为合作者我心里还是蛮欣慰的。

从德国回复旦大学后，我想转向新的研究方向。当时，我对光子晶体、蛋白质动力学和交通流感兴趣，也阅读了很多相关文献，并开始了初步研究。我很兴奋地向先生描绘这些新方向，想征求先生的意见和建议。先生说这些方向都很有发展前景，但你不要同时开展这么多方向，要聚焦才能出好结果。我选择了光子晶体和蛋白质动力学。直到最后住院，先生在医院里给我的邮件还这么叮嘱。虽然在蛋白质动力学方面已经做了蛮有意思的工作，后来由于学生毕业的论文要求以及精力的原因不再继续，我将研究集中到了光子晶体及相关课题上。我自己认为，在这个方向做了一些不错的工作，特别是在2003年完成的揭示孔雀羽毛绚丽色彩源于光子晶体的工作，也为人类的知识库添加了一点内容。文章发表后，《纽约时报》很感兴趣，派记者电话采访我，最后以"科学家揭示了孔雀最美丽的秘密"为题发表。记得当时我正在日本东北大学金研所访问，采访结束后已是深夜，在步行回住处的路上，望着满天星星，脑子里突然闪现一个念头，要是先生在就好了，一定把这个消息报告给先生。

写完上面这些文字,眼角有些湿润,眼前也变得模糊起来。我搁笔闭上眼睛,仿佛看到先生在物理楼二楼走廊上蹒跚向我走来,身影越来越清晰,越来越高大,耳边同时传来先生轻柔的声音:资剑,你最好这样;资剑,你最好不要那样……

(作者:资剑,复旦大学物理学系教授)

缅怀谢希德先生

沈建华

谢希德先生是我崇敬的老一辈科学家。

1995年我考入复旦大学物理学系表面物理专业攻读博士学位时，谢先生已是75岁高龄了。先生德高望重，深受老师同学们的爱戴。她的办公室就在我们实验室的斜对门，所以在实验室走廊里，我们常常遇见她。谢先生患腿疾很多年，走路有些晃动，尽管显得吃力但很坚定。我们从未见到她需要被别人搀扶。她行走的样子连同她亲切的话语，留在了我们这些学生的记忆深处。

尽管年事已高，先生不再具体指导我们学生的研究课题了，但我们发表学术论文的草稿，她还是会做最后的审核和英文润色；回复文章的评审意见时，她也会为我们把关。记得她告诉我，答复评审人时，话不能说得太绝对，语气要委婉些。1998年6月她主持我们几位学生的博士学位论文答辩，并与我们合影留念。毕业后，我选择去中科院上海药物研究所从事博士后研究，去请谢先生写推荐信。因为领域跨度太大，心中有些忐忑。但谢先生对我去药物研究领域倒是颇为支持。她对中科院生物领域是比较了解的，详细询问了药物所的相关导师情况，欣然为我写了推荐信。

1999年初，谢先生生病住院治疗。时任药物所所长的陈凯先（复旦大学1960年代毕业生）知悉后和我一同去华东医院看望她。我清晰地记得那是春寒料峭的时节，街道上还有一点残雪，但谢先生的病房里很温暖。她靠在病床头，勉励我们一起努力，在药物研究领域取得成就。当时，明媚的阳光从窗外照射到谢先生的病床上，先生也沐浴在阳光里，气色显得相当不错。这是我对谢先生生前的最后印象。

2000年3月初,谢先生离开了我们。我也曾随近千名复旦学子去龙华送别她。但她似乎未曾远离。每当我在岳阳路中科院园区内散步,或者在建国西路她的旧居小区门口驻足,时常会想起她老人家。她的故事还在流传,人们还在缅怀她的功绩。有一次,我遇到一位福建籍的外交官,他对家乡能出谢希德这样一位杰出的科学家感到非常的自豪。言谈间当他知道我也曾师从她的门下时,他说了这么一句话,让我深深震动。他说:"你是谢希德的学生,不能和其他人一样,要有更高的追求……"

是啊,大师远去,我们该怎么样告慰她老人家呢?

(作者:沈建华,中国科学院上海药物研究所研究员)

诞辰百年，功德千秋
——纪念谢希德先生

傅华祥

我默默无闻，平凡而普通。但谢先生却能让我这样普通的人受益终身，感怀一辈。其巨大的影响可谓无处不在，而且时时刻刻都能被感觉到。曾经有人问我在学术界最尊敬的人是谁，我不假思索回答：我的导师谢希德先生。我师从谢先生只短短三载，但先生的风范、言行和教诲让我终生难忘。时值先生百年诞辰，我作此短文，深切缅怀先生。

先生高瞻远瞩、远见卓识。50年代先生回国后在人才短缺、物质基础极其艰难的条件下，先生创建中国半导体科学，在这领域培养大批学术精英。无先生，则无中国半导体科技的今天。其后，她又以独创性的眼光建立中国表面和界面物理学、中国计算物理学，每一个领域都见证了先生非凡的眼光和卓识。

先生肩负重任，有强烈的使命感。先生一生身居要职，但不为名利。先生视功名为尘土，一心为中国科技的强大和人才培养倾心尽力。这淡泊名利的品德在今天更是少见，让我等后辈汗颜。

一生勤勤恳恳，一腔热情，永远有使不完的劲。先生日务繁忙，但再忙，她总能找出时间帮助学生。记得好几次，我第一天给她的学术文章，她第二天就能修改好还给我。当年的我，作为一个年轻人都没有这种干劲。惊叹之余，不佩服不行。先生一生疾病缠身，但这阻挡不了她的热情和毅力。

先生敬业、认真、一丝不苟。先生的许多学生都有这样的经历：让先生修改过的学术文章，到处都是她改过的手写字迹，经常是大段大段地修改，先生的严谨、认真都在这些手迹中完美体现。记得有一次我把Landau误写成Laudau。谢先生半开玩笑说"朗道"怎变成"唠叨",让我哭笑不得。

先生平易近人,关心学生无微不至。 我记忆中的谢先生从不高高在上。她平易近人,关心学生,与学生打成一片。我的一个课题研究和自己编写的计算程序因当时计算机内存少和速度慢没成功。其实我从这个没成功的课题学到了我未来研究的奠基石。不知情的人说我不知天高地厚。谢先生却没有责怪我,她鼓励我用别的办法,利用现有的条件做工作。正是谢先生的鼓励和信任改变了我。有什么比在你失败时的信任更珍贵,更激励你进取呢?另外,记得我来美国的前一天,遇到谢先生,谢先生担心我初次出国可能语言有障碍。她提醒我到了洛杉矶机场一定要眼观六路、耳听八方。这朴素的几句话怎能不让我感动?还有一次,先生到美国参加三月物理年会,特意抽空到我作报告的会议厅听完我的报告。当年谢先生已是77岁高龄。当天晚上再次见到谢先生时,她还不忘教导我要多与美国人交往,向他们学英语。谢先生关心学生的一言一行如今历历在目。我后悔自己当年做学生时没能与谢先生多待几年,也难怪几年前,我有一次在美国作完学术报告之后,我用谢先生的铜像作为最后的感谢。

谢先生诞辰百年,功德千秋!

(作者:傅华祥,美国阿肯色大学物理系教授)

回忆谢希德先生

孙 强

第一次见到谢先生是在1994年物理学系二楼的走廊里。我当时是郑州大学的硕士研究生,在复旦大学表面物理国家重点实验室做开放课题。一大早,走廊里空荡荡的,只见一位头发灰白、身形瘦小的长者正在踽踽前行。那踽踽从容的背影给我留下了深刻的印象。我后来得知,就是这看似瘦弱的身体与癌症病魔已抗争了几十年。向实验室的师兄提起这位老者,他们告知我,这就是谢希德先生——新中国半导体物理和表面物理学科的开创者和奠基者,与我心目中的另一位传奇人物华罗庚(小学时,从乡下的一位小学老师那里听说,他曾用算盘计算出外国卫星坠落的地点)齐名的新中国老一辈著名科学家。当时谢先生瘦小的形象和我心目中大科学家的想象反差甚大,而且对"先生"的称谓也颇感疑惑:谢先生明明是位"女士",为何大家都称她为"先生"呢?

1995年我硕士毕业后,赴复旦大学攻读凝聚态专业的博士学位,有幸做了叶令先生和谢希德先生的博士生,近距离感受了谢先生渊博的学识和丰满的人格魅力。那时谢先生年事已高,但只要没有繁忙的社会活动,总能在物理楼办公室见到她的身影。谢先生是社会活动家,创建了复旦大学美国研究中心。作为毕业于美国麻省理工学院的早期留美归国博士,她不但为新中国的科学事业作出了卓越的贡献,而且为中美关系的发展作出了巨大努力和贡献。可以想象,她平时社会活动何其繁忙。即便如此,我所在的表面物理实验室理论研究组,从第一台计算机服务器的购置、配件的购买(当时需从国外购置),到每个学生论文的撰写、修改,直至论文答辩,为我们撰写求职推荐信,她事必躬亲。让人不能忘记的是,谢先生每次从国外开会或参加活动回来，总为我们学生带盒巧克力。在我的认识和印象中，只有父母外出回家时才会给家里的孩子带些礼物。显然，谢先生把我们这些来自全国各地求学的学子当作了她的孩子来关爱。谢先生这些日常的点滴行为从一个侧面诠释了：在她身上为何散发出这么大的人格魅力。

有一天，我在整理旧照片，我女儿在旁边好奇地看着。我拿出一张和谢先生的合影，对她说这是我的老师谢先生。她睁大了眼睛，不解地问这是位老奶奶，是位"女士"，怎么称"先生"呢？作为谢先生曾经的学生，以及这些年对谢先生坎坷经历的了解，结合自身的经历，我想我现在可以来试着回答为何称呼谢老为"先生"的疑问了，这也曾是我多年前的疑问。"先生"，即师者，唐代文学家韩愈《师说》中解释：师者，所以传道授业解惑也。在谢先生身上完美地诠释了"先生"所包含的全部内涵，而且称谢先生为"先生"，更额外赋予了"先生"敬爱之心，仰慕之情。

今年3月19日是谢先生诞辰100周年的纪念日。我们中华民族几千年来

▲ 与谢先生合影

能生生不息,屹立于世界之林,我想正是成千上万像谢先生那样优秀的中华儿女不懈努力和无私奉献的结果。我们纪念谢先生,就是要学习谢先生的精神,做好自己的工作,为实现中华民族的伟大复兴和中国梦的实现贡献一份自己的力量。

(作者:孙强,郑州大学物理学院教授)

回忆在谢希德先生课题组做博士后的日子

柯三黄

时光如电,日月如梭。年过50的人容易产生人生如白驹过隙的感慨,开始喜欢追忆往昔的美好时光。在缅怀谢先生诞辰100周年的日子里,我自然而然地回想起自己当年在谢先生课题组做博士后的那两年的时光,当年的点滴生活场景又像电影一样在脑海里放映。先生和蔼可亲,治学严谨认真,论文批改得一丝不苟,又好像就发生在昨天。

我是在1995年夏天从厦门大学物理系黄美纯老师课题组毕业后,经黄老师和吴伯禧老师推荐来到复旦大学物理学系谢先生课题组做博士后的。那时候博士后制度刚建立不久,政策很优惠,不仅给本人和家属常住户口,而且还免费提供住房。我怀着兴奋的心情带着家人就这样在那天傍晚走入了复旦大学的校园。还记得那天晚上是组里的张开明老师给我们安排在校园内宾馆的住宿,当时组里就我一个博士后。在复旦大学的两年是紧张又充实、忙碌又心情愉快的两年。紧张的是如何争取出国深造的机会(那时候国内基础科研条件还非常局限,出国深造是一个开阔视野、提高科研能力的好途径);充实的是在谢先生的研究组里,和张开明老师、叶令老师、资剑老师(从德国回国不久)、车静光老师(从香港回上海不久)以及研究生杨宗献、沈建华、谢建军、孙强、韦广红、杨中芹等都有着很好的交流,学到了很多东西;忙碌的是调试计算程序和守着计算机等结果(那时主要是intel 486 CPU的个人计算机,后来引进了一台DEC alpha工作站,真是宝贝得很),现在还清楚记得和沈建华一起调试量子分子动力学计算程序的情景;心情愉快的是各位老师对我们关心有加，不管是日常生活还是学业和科研课题。年轻老师资剑和车静光同我们几个学生也有着很好的交流，经常一起在办公室或宿舍里聚会，探讨科研动向、社会发展、出国留学、人生信仰。

我和谢先生的交流主要是在科研论文的修改上。每次写好论文，再看上两遍，然后打印出来，去谢先生的办公室把论文交给她并简单说明论文的结构。通常在一到两个星期内谢先生就会叫我去她办公室讨论论文的修改，包括如何更好地表达论文的意义、论文的结构优化、英语表达和语法用词等等巨细无遗，其中在英语表达上包括我最拿不准的不定冠词和定冠词的用法。通常这样要两次来回才最后定稿。通过论文的批改我能深切感受到先生治学的严谨和认真，以及清晰的思维逻辑。那时候在基础科学研究领域，出国深造确实是年轻学人快速提升自己的一条有效的途径。谢先生在这上面也非常支持课题组里的年轻学生和老师，会很上心地为每个人写一份恰当的正面的推荐信。在我博士后出站的时候也顺利拿到了意大利、德国（洪堡奖学金）和日本的博士后的offer。后来课题组的所有博士生基本也都拿到了国内外博士后的offer。今天，当年从谢先生课题组出去到国外学习的学生又都回到了国内，在各自的教授和研究员的岗位上为社会贡献着自己的一分耕耘。

美好的时光总是短暂的。我离开复旦大学谢先生课题组后，先后去了日本和美国的几个比较著名的研究课题组，也经历了很多生活的变故，但每每回想起当年在复旦大学谢先生课题组的时光，心里总是涌现平安、美好、感激。

（作者：柯三黄，同济大学物理系教授）

怀念导师谢希德先生

韦广红

1995年9月，我来到复旦大学物理学系，加入谢希德先生领导的表面物理理论课题组，攻读凝聚态物理博士学位。一名博士生通常由一位导师指导，而我却有幸能够在谢希德教授、张开明教授和资剑教授三位导师的共同指导下，完成博士论文相关的课题研究。师从三位学识渊博、年龄段不同的导师，是我一生中非常幸运的一件事。我的博士论文题目为：《宽禁带半导体GaN、AlN及GaN/AlN超晶格晶格振动特性的理论研究》。虽然我毕业后的研究方向转向了计算生物物理，但在三位导师指导下所培养的科研素养和能力，为我后来的科研打下了坚实的基础。

谢先生高度关注半导体物理和表面物理的研究前沿。她每年都坚持参加美国物理学会"3月会议"，且每次会议结束回到上海，都会亲自准备报告胶片，在课题组介绍会议期间所了解到的研究热点和前沿动态，使没有参加会议的课题组成员也能够第一时间对该领域的国际最新研究进展有所了解。这大大开阔了我的视野和眼界，同时令我对"3月会议"充满向往。

谢先生不仅是一位物理学家，还是一位教育家和社会活动家，除了指导研究生，每天还要处理很多事情。考虑到谢先生平时很忙，1998年1月初（即寒假前），我把博士论文初稿交给她，原本希望春节过后能拿到谢先生的修改稿。令我大出所料的是，两周后谢先生就把修改稿还给了我。虽然这件事已经过去20多年了，我依然清晰记得翻开论文那一刻所看到的画面：文章从头到尾用蓝笔做了修改，引言部分改动最大，修改之处包括标点符号、句子措辞和文章结构，有直接修改的，有提出修改建议的。翻看这些批注时，我非常感动，深深地感受到谢先生认真负责的工作态度。我利用寒假

▲ 1998年,博士学位毕业论文答辩时,与谢希德先生、张开明老师合影

▲ 1998年,博士学位毕业论文答辩时,与谢希德先生合影

时间对论文进行了认真修改和完善，顺利通过评审。1998年5月末，我通过博士论文答辩。上图是答辩结束后我与谢先生、张先生、答辩评委以及同期答辩同学的两张合影，唯一遗憾的是资剑教授因当天出差未能与我们合影留念。

博士毕业后，我于同年7月留校，到材料系工作。1999年年底，我听说谢先生乳腺癌复发住院，不知她病情如何，心里很是忐忑。当从谢先生秘书那里得知物理学系的几位老师要去华东医院看望谢先生时，我表示去的时候一定叫上我。记得同去的还有侯晓远老师。进入病房后看到谢先生坐在病床上，精神不错，我担忧的心情终于放松了些。谢先生看到我们很是高兴，与大家聊起天来，我在旁边默默地听着。当时，我刚工作一年多，尚未适应新环境，科研上也不知道从何做起，对未来感到十分迷茫。正在我有些走神的时候，突然听到谢先生温和的声音："韦广红，你工作怎么样啊？"我当时很受感动，想到谢先生在病重期间仍然关心学生的工作和生活，心底压抑已久的情绪在她温暖的话语中一时涌了上来，但仍然强装镇静地答道："挺好，挺好。"这个场景时至今日都使我记忆犹新，不仅让当时的我备感温暖，也启示我，为人师表不仅体现在传道、授业、解惑上，也要对学生给予更多的关怀和关爱。

今年3月19日，是谢先生诞辰100周年纪念日。在我整理旧照片时，看到与先生的合影，便想起与她相处的点滴时光。借此机会，将这些珍贵的点滴整理成文，以表达我对谢先生诚挚的怀念。

（作者：韦广红，复旦大学物理学系教授）

纪念我的导师谢希德先生

杨中芹

  1997年春，我在复旦大学物理学系开始攻读物理学博士学位，谢希德先生是我的大导师，叶令教授是我的小导师。当时同一课题组的同学还有孙强（师兄）、黄忠（师弟），大的课题组还有谢建军、韦广红等。谢先生严谨的治学态度、一丝不苟的做事风格、面对困难坚韧不拔的顽强意志，时时影响、激励、鼓舞着我们。

  我博士入学的时候，钙钛矿氧化物巨磁电阻是当时的国际前沿课题，谢先生给我的博士论文研究内容也就确定在此方向。好的课题方向是成功的一半，这个方向在当时蒸蒸日上，有许多值得研究的问题，这是我用3年时间顺利获得博士学位的重要保证之一。尽管谢先生有很多要事，她还是用心指导我阅读文献和书籍，关注着我的课题进展。1998年夏天，她因患乳腺癌住院治疗，大剂量的治疗带来强烈的生理反应，但谢先生仍然坚持指导我的课题研究。每次叶令老师去医院看望她，都向她介绍我的课题进展，她听完都会给出指导意见。她一边与凶恶的病魔搏斗，一边还坚持高强度工作，这样的毅力和意志让人叹服。让我印象深刻的另一件事是我的论文都是经过谢先生在病床上修改而成，有些稿子修改得密密麻麻，有些她会特意写到条纹纸上然后让人专门转交给我，这些都记载着谢先生对我的培养恩情。在如此艰难时刻，能做到此，当永远感恩、铭记。记得有一次，叶老师转告我，要我将论文的字打印得再大一些，以便于谢先生能较容易看清楚，我为谢先生的忘我工作精神所感动。

  20世纪90年代，老师们出国参加国际会议远不如现在方便。谢先生如果参加了重要的国际会议，回来后会在全系作报告，让物理学系的老师、学

▲ 谢先生与学生在一起

生都能了解国际最新进展。她介绍得比较多的是美国的"3月会议"。每到此时，本部物理楼二楼大会议室座无虚席，济济一堂，大家都很认真地聆听谢先生的精彩报告。我当时是一名研究生，感觉那就是普通的报告会。现在回想起来，认为这样的场景弥足珍贵，这是谢先生对复旦大学物理学科发展担当的一个缩影。

先生已逝，风骨精神永存！

（作者：杨中芹，复旦大学物理学系教授）

继续促进谢先生开创的中美友谊

沈安定

谢希德校长积极参与及倡导中美文化交流,她曾经鼓励推荐学生去美国留学,我就是其中的一位。那时我在华东师大二附中就读,高二的暑假我得到消息,有一个机会作为交换生去美国华盛顿特区的赛维尔友谊学校(Sidwell Friends School)读一年高中。这不是一所普通的学校,它拥有众多的总统家长,如奥巴马、克林顿、罗斯福、尼克松等,而且从1982年起就

▲ 与谢希德先生合影

与中国有交流项目。谢校长知名度高，赛维尔友谊学校请她推荐中国学生去美国交流。当时是90年代初，去美国读本科的学生寥寥无几，读高中更是闻所未闻。我听到这个消息的时候既兴奋又有些担忧，生怕我不能胜任，谢校长鼓励我勇敢尝试，并说相信我的能力。当我的美国签证出现问题的时候，谢校长亲自写信给美国政要，帮助解决了问题，可见她当时在美国的声誉。

我刚到美国的时候，因为语言和教育体制的差异，学习确实非常吃力，加上文化习惯的不同，生活上也有些不适应，谢校长刚好那时出差到美国，也到华盛顿来看我，继续鼓励我在美国的学习与生活（见上图）。半年之后，我不但在语言交流上没有问题，也基本上融入了美国学校的生活，并且获得了华盛顿地区中学生数学竞赛的一等奖。因为在华师大二附中时我就是田径运动员，在赛维尔我也参加了校田径队，创造了两项校纪录。我还不断与队友和教练交流中美的体育训练方式。中国新年的时候我也参与举办了学校里的庆祝活动，让美国学生了解中国的节日和习俗。为了帮助我更好了解美国老百姓的生活，学校安排我住在"寄宿家庭"里，我与他们保持了很好的关系，他们家的儿子一年后拜访中国，也受到我父母及弟弟的热情款待。直到

▲ 从左至右依次是：沈元华、章志鸣、谢希德、叶令、杨心亮

今天，我还是会每隔几年去华盛顿拜访他们。

　　从赛维尔友谊学校毕业以后，我顺利地进入大学、研究所。博士毕业之后，我在美国一所大学任教直到今天。我所教的课程中有一门是关于中医和中国文化的。通过这门课程，我让美国普通民众了解中国历史悠久的传统文化，包括中医对现代文明作出的贡献；也帮助他们了解中国人如何看待世界局势以及美国文化。在带领学生访问中国的时候，他们也能更深入地了解中国的风土人情，理解中国人的想法。民族与民族之间的友谊，国家与国家之间的了解是需要长时间的投入和努力的，即使在通信超级发达的今天，彼此的了解和信任也不是通过互联网就可以达成的，而需要真真实实的亲身经历。开放的心态和愿意付出的心志尤为重要。谢希德校长为我们做了很好的榜样，也鼓励培养了一批像我这样的后辈，继续促进中美交流。我也希望我们这些晚辈，以及年轻的一代可以尽我们所能，打破中美之间对彼此的刻板印象，互相学习、尊重、体谅，继续前人开创的中美友谊。

　　（作者：沈安定，1992年由谢希德校长推荐到美国华盛顿赛维尔友谊学校学习交流，后获约翰霍普金斯大学分子医学博士学位，现为加尔文大学生物系终身教授）

图书在版编目(CIP)数据

大音希声、德馨四方:谢希德先生百年诞辰纪念文集/复旦大学物理学系编. —上海:复旦大学出版社,2021.12
ISBN 978-7-309-15993-6

Ⅰ.①大… Ⅱ.①复… Ⅲ.①谢希德(1921-2000)-纪念文集 Ⅳ.①K826.11-53

中国版本图书馆 CIP 数据核字(2021)第 222885 号

大音希声、德馨四方——谢希德先生百年诞辰纪念文集
DA YIN XI SHENG DE XIN SI FANG — XIE XIDE XIANSHENG BAINIAN DANCHEN JINIAN WENJI
复旦大学物理学系 编
责任编辑/朱 枫

复旦大学出版社有限公司出版发行
上海市国权路 579 号 邮编:200433
网址:fupnet@fudanpress.com   http://www.fudanpress.com
门市零售:86-21-65102580   团体订购:86-21-65104505
出版部电话:86-21-65642845
上海四维数字图文有限公司

开本 787×1092 1/16 印张 16.5 字数 261 千
2021 年 12 月第 1 版第 1 次印刷

ISBN 978-7-309-15993-6/K・770
定价:68.00 元

如有印装质量问题,请向复旦大学出版社有限公司出版部调换。
版权所有 侵权必究